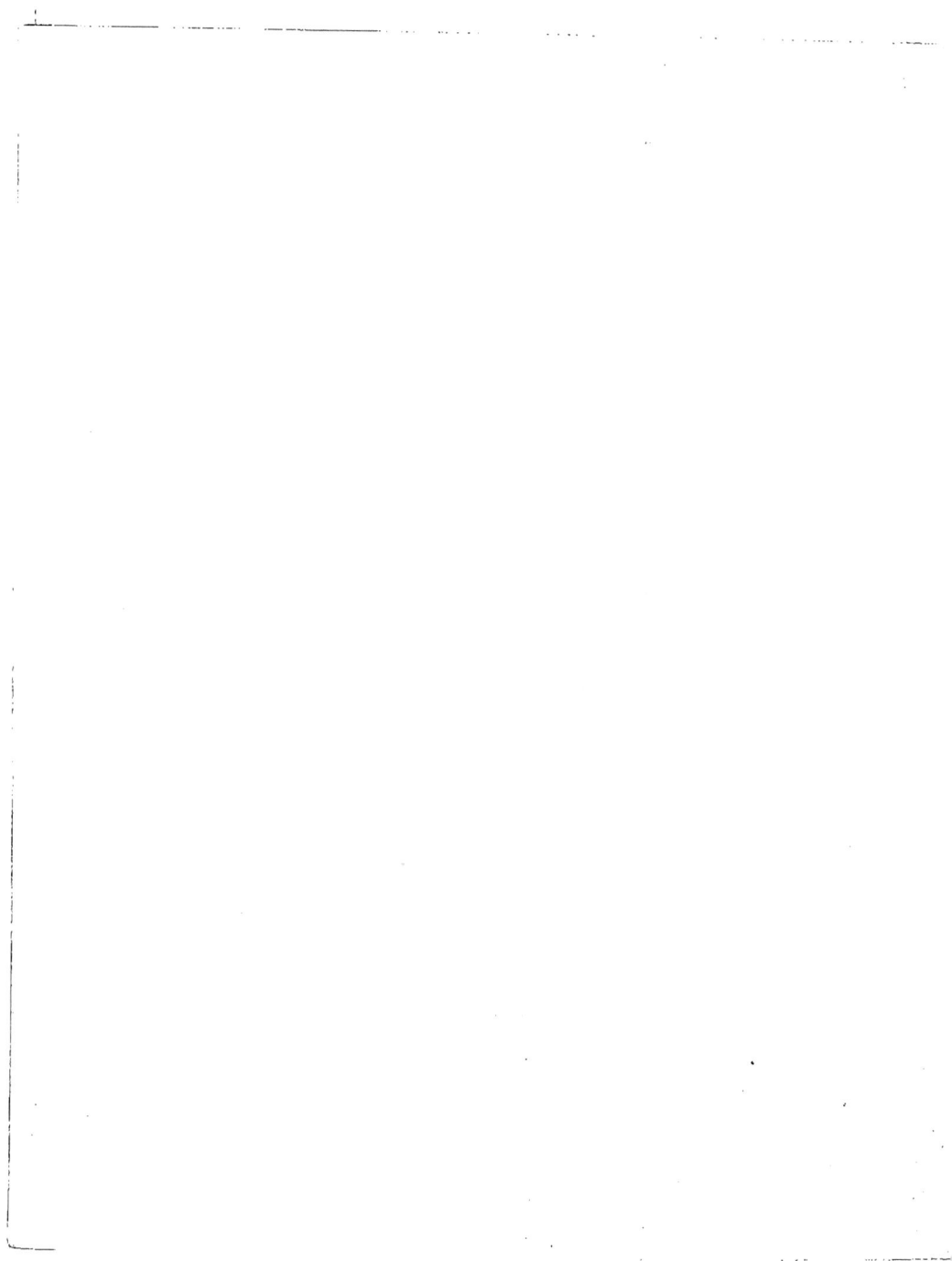

DES DEUX

MODES D'EXECUTION

DE LA RUE DE BOURBON

ET DE LA PLACE SAINTE-CROIX,

A ORLÉANS,

SELON LES DEUX ORDONNANCES ROYALES DES 13 JANVIER 1819, ET 16 SEPTEMBRE 1825;

ET DES DROITS ET OBLIGATIONS

DES PROPRIÉTAIRES SOUMIS A L'ALIGNEMENT, SELON LE MODE D'EXÉCUTION PRESCRIT PAR CHACUNE DE CES DEUX ORDONNANCES.

« Les plans des villes une fois arrêtés, après discussion
« contradictoire, deviennent en quelque sorte des con-
« trats qui lient réciproquement l'administration et les
« particuliers, et c'est dans leur exécution rigoureuse et
« impartiale que repose la garantie de tous les intéressés. »
*(Recueil méthodique et raisonné des lois et réglemens
sur la voirie, par* DAVENNE.)

PARIS.

IMPRIMÉ CHEZ PAUL RENOUARD,
RUE GARENCIÈRE, N° 5. F. S.-G.

OCTOBRE 1828.

DES DEUX

MODES D'EXÉCUTION

DE LA RUE DE BOURBON

ET DE LA PLACE SAINTE-CROIX,

A ORLÉANS.

SELON LES DEUX ORDONNANCES ROYALES DES 13 JANVIER 1819,
ET 16 SEPTEMBRE 1825 ;

ET DES DROITS ET OBLIGATIONS

DES PROPRIÉTAIRES SOUMIS A L'ALIGNEMENT, SELON LE MODE D'EXÉCUTION
PRESCRIT PAR CHACUNE DE CES DEUX ORDONNANCES.

———————

Deux ordonnances royales ont été publiées concernant l'exécution
du projet de la rue de Bourbon et de la place Sainte-Croix, à Orléans.

L'une, en date du 13 janvier 1819, est celle qui approuve LES ALI-
GNEMENS de la ville, d'après le NOUVEAU PLAN dressé en vertu de la
loi du 16 septembre 1807. Cette ordonnance trace l'EMPLACEMENT
DE LA NOUVELLE RUE ET DE LA NOUVELLE PLACE, et arrête, d'a-
près les dispositions de la loi de 1807, que *les bâtimens existans dans
cet emplacement ne pourront être ni réparés ni reconstruits ; qu'ils
seront démolis lorsque leur état de vétusté, bien constaté, pourra
rendre leur existence dangereuse ; que cette démolition se fera aux*

1

frais des propriétaires, sans qu'ils puissent prétendre à d'autre indemnité que la valeur du terrein que le nouvel alignement leur fera perdre.

L'AUTRE, rendue le 16 septembre 1825, après l'accomplissement de toutes les formalités voulues par la loi du 10 mars 1810, décrète *que l'ouverture de la rue de Bourbon et de la place Sainte-Croix, telle qu'elle a été tracée sur le plan approuvé par l'ordonnance royale du 13 janvier 1819,* EST DÉCLARÉE D'UTILITÉ PUBLIQUE *et autorise la ville d'Orléans à traiter avec* LA COMPAGNIE FORMÉE POUR L'EXÉCUTION IMMÉDIATE DU PROJET.

Ces deux ordonnances royales prescrivent chacune UN MODE PARTICULIER D'EXÉCUTION.

Lequel de ces deux modes offre le plus d'avantages à L'AUTORITÉ LOCALE et convient mieux AUX PROPRIÉTAIRES SOUMIS A L'ALIGNEMENT?

Lequel remplit plus complètement les vœux et les besoins DE LA POPULATION ORLÉANAISE, et répond mieux à l'attente DES DIVERSES CONTRÉES qui ont confondu leurs efforts et leurs intérêts avec ceux des ORLÉANAIS, afin d'assurer le succès de cette importante entreprise?

Pour résoudre ces questions, il suffit de COMPARER LES DEUX LÉGISLATIONS auxquelles se rapportent CES DEUX ORDONNANCES ROYALES, la loi de 1807 et celle de 1810, qui, dans quelques-unes de leurs dispositions, tendent l'une et l'autre au même but, mais par des moyens différens; et, après avoir reconnu, par suite de cet examen, les DROITS qu'elles confèrent, les OBLIGATIONS qu'elles imposent, il n'est personne qui ne soit en état de prononcer sur la préférence à donner à l'un de ces DEUX MODES D'EXÉCUTION.

DE LA LOI DU 16 SEPTEMBRE 1807, — DE L'ORDONNANCE ROYALE DU 13 JANVIER 1819, — ET DU MODE D'EXÉCUTION QUI EN RÉSULTE.

La loi de 1807 renferme plusieurs dispositions spéciales qui ont pour objet de remédier à l'inconvénient grave que l'on remarque dans toutes les villes anciennes, où, par suite d'abus que l'on s'étonne d'avoir vu si long-temps subsister, les rues offrent à peine l'espace nécessaire à la voie publique, et présentent partout des sinuosités et des renfoncemens favorables à la malveillance et nuisibles à la propreté et à la salubrité des villes.

Loi de 1807. Ses effets.

Cette loi, remettant en vigueur d'anciens réglemens, ordonne pour la France entière ce qui n'avait encore eu lieu que pour quelques quartiers de Paris, la formation *de plans généraux* sur lesquels les autorités locales doivent tracer les redressemens et alignemens nouveaux que les besoins de la circulation ou du commerce, et en général la raison d'utilité publique, pourraient nécessiter. Aux termes des art. 50 et 52 (1) de cette loi les *alignemens* doivent être donnés par les maires conformément *au plan arrêté* à l'avance, et approuvé par une *ordonnance du roi*, sur l'avis du préfet et le rapport du ministre de l'intérieur.

Ordonne la confection de plans généraux pour toutes les villes.

Un décret du 24 juillet 1808 (2) notifié officiellement aux préfets est venu de nouveau prescrire l'exécution de ces plans qui aujourd'hui existent pour toutes les villes du royaume, et y sont strictement observés.

L'alignement étant non la délimitation de la propriété d'après son état actuel, mais la déclaration de la limite que l'administration veut établir (3), les plans, du moment qu'ils sont arrêtés, deviennent de véritables contrats qui lient réciproquement l'administration et les particuliers.

1.

Les plans arrêtés obligent la propriété particulière à trois conditions principales.

L'obligation de se soumettre *aux plans arrêtés* constitue *une servitude* imposée à la propriété particulière, dans l'intérêt et au profit de la voie publique. Cette servitude résulte de la loi, comme toutes celles qui sont établies dans l'intérêt général.

La mesure de l'alignement impose *une charge*, mais *non une expropriation*. De cette différence résultent toutes celles qui existent entre les *droits* des propriétaires soumis à l'*alignement* en vertu de la loi de 1807 et les *droits* des propriétaires soumis à l'*expropriation* pour cause d'utilité publique (4) en vertu de la loi de 1810.

L'effet de l'alignement donné par l'administration ou résultant de plans arrêtés est d'obliger le propriétaire à trois conditions principales :

Celle de reculer ses bâtimens en-deçà de ses limites actuelles pour agrandir la voie publique.

Celle d'avancer ses bâtimens jusque sur la voie publique et de se mettre dans l'alignement.

Celle de démolir entièrement les bâtimens qui se trouvent en totalité entre les alignemens nouveaux et de ne pouvoir les reconstruire.

Condition de reculer.

Le bâtiment assujetti au *reculement* ne peut être ni réparé ni reconstruit.

Lorsqu'il vient à être démoli, soit par la volonté du propriétaire, soit par ordre de l'autorité pour cause de vétusté, le propriétaire n'a droit qu'à la valeur de la *portion du terrein* que le nouvel alignement lui fait perdre. *Art.* 50.

Le propriétaire d'un bâtiment assujetti au reculement ne peut forcer la commune à acquérir immédiatement sa propriété, parce qu'alors la commune serait tenue d'acquitter l'*indemnité préalable*, et que la loi *n'ajourne la démolition que pour épargner à la commune la nécessité de payer le prix de l'immeuble, et dans la supposition que le propriétaire n'ayant à le démolir que lorsqu'il tombera de lui-même en ruine, il subira une légère perte.* (DAVENNE, p. 76.) (5)

Le propriétaire d'un bâtiment assujetti au reculement qui a fourni une partie de son terrein pour l'agrandissement de la voie publique, ne peut forcer la commune à lui acheter le surplus *du terrein qui lui reste.*

La démolition du bâtiment sujet à reculement qui a eu lieu par ordre de l'autorité se fait aux frais du propriétaire.

La défense de réparer un bâtiment sujet à reculement ne se borne pas au mur de face; elle s'étend aussi à tous les bâtimens intérieurs, et en général à tous ceux qui se trouvent situés sur l'emplacement destiné à la voie publique comme il est tracé par le nouvel alignement. (6)

Le propriétaire du bâtiment, assujetti à *l'avancement*, doit se mettre dans l'alignement aussitôt qu'il en est requis; il est tenu d'acquérir le terrein situé dans l'intervalle existant entre sa propriété et la voie publique et d'en payer la valeur d'après l'estimation à dire d'experts. *Condition d'avancer jusque sur la voie publique pour prendre le nouvel alignement.*

Faute par le propriétaire assujetti à l'avancement d'acquérir le terrein nécessaire pour se mettre dans l'alignement, et d'en payer la valeur, la commune a le droit de procéder contre lui par voie d'expropriation pour cause d'utilité publique. (7)

Le propriétaire du bâtiment qui se trouve totalement *entre les alignemens nouveaux* ne peut ni le réparer ni le reconstruire, et n'a droit, après la démolition de ce bâtiment, effectuée par sa volonté ou pour cause de vétusté, qu'à la valeur de l'emplacement qu'occupait ce bâtiment. 8) *Condition de démolir la totalité du bâtiment.*

Les obligations en matière de voirie sont encore d'une autre nature. *Autres obligations résultant des mêmes causes.*

Indemnité de plus-value.

Le propriétaire qui par suite de nouvéaux alignemens se trouve sur une rue ou sur une place , et dont la propriété en conséquence a augmenté de valeur, est tenu de payer une *indemnité de plus-value ,* pour les avantages acquis à la propriété par suite de sa nouvelle situation. *Art.* 3o *et* 31. (9)

Condition de bâtir sur un plan uniforme.

Le propriétaire qui, après avoir reculé, veut *construire* sur le surplus du terrein qui lui reste ;

Le propriétaire, obligé à l'avancement, qui veut *construire* sur la nouvelle voie après avoir acheté et payé le terrein intermédiaire,

Peuvent être contraints de se conformer *à un système de construction uniforme* donné par la commune.

Faute par eux d'y consentir, l'autorité municipale a le droit de faire déclarer l'exécution du projet *d'utilité publique ;* de faire procéder ensuite à l'expropriation suivant les formes et de revendre l'immeuble *avec condition par l'acquéreur de se conformer au plan ,* ou faire bâtir à ses frais les façades sur le dessin adopté. (10)

Frais du premier pavé.

Les propriétaires dont les propriétés sont situées le long de la nouvelle voie sont tenus de pourvoir aux frais du premier établissement de pavé dans le cas où la commune viendrait à l'exiger. (11)

Toutes difficultés provenant de l'exécution des plans renvoyés à la décision de l'autorité administrative.

Si l'ordonnance d'alignement qui approuve les plans d'une ville avait besoin d'être interprétée, elle ne pourrait l'être que par *l'autorité administrative ;* car c'est un des principes les plus certains de la division actuelle des pouvoirs que les tribunaux ne peuvent en aucune manière connaître du mérite des actes de l'administration ni en entraver l'exécution.

Il en serait de même s'il s'élevait quelques difficultés entre le propriétaire soumis à l'alignement et l'administration locale : ce serait à *l'autorité administrative* à prononcer et non aux tribunaux.

Telles sont, entre autres charges, celles qui frappent la propriété particulière par rapport à l'usage de la voie publique et qui résultent de la loi de 1807;

Telles sont celles qui naissent des ordonnances royales d'alignemens rendues en vertu de cette loi;

Telles devaient être et telles sont en effet les OBLIGATIONS qui dérivent de L'ORDONNANCE de 1819.

Ordonnance
royale du 13
janvier 1819.

Ainsi, en suivant le *mode d'exécution* prescrit par la loi de 1807, et tracé par l'ordonnance royale de 1819 qui en émane, *le temps seul* peut procurer un jour à la ville d'Orléans le bienfait de la rue de Bourbon et de la place Sainte-Croix.

Effets du
mode d'exécution tracé par
cette ordonnance.

D'après ce mode d'exécution, les propriétaires soumis aujourd'hui *à l'alignement* sont condamnés, pendant long-temps encore, à demeurer dans la position précaire où ils se trouvent maintenant, et les inconvéniens de cette position se feront bien plus vivement sentir à mesure que les années s'écouleront.

Lorsque leurs bâtimens menaceront ruine, qu'il y aura du danger à les laisser subsister, ils seront forcés de les faire *démolir* à leurs frais, et à cette époque n'auront droit, *pour toute indemnité*, qu'à la valeur du terrein que le nouvel alignement leur fera perdre ;

Qu'ils veuillent conserver ou vendre, ils ne peuvent aujourd'hui, malgré tout le préjudice qu'ils éprouveraient de l'état actuel des choses, forcer la commune à acquérir leurs propriétés, parce que ce serait aller directement contre le vœu de la loi;

Quelle que soit l'exiguïté du terrein qui leur restera, lorsqu'ils auront fourni à la voie publique l'espace nécessaire, ils ne peuvent obliger la commune à acheter le surplus de ce terrein;

Ceux dont les bâtimens sont situés en totalité *dans l'emplacement de la rue de Bourbon ou de la place Sainte-Croix* ne recevront, après la démolition de leurs bâtimens, faite à leurs frais, que le prix de l'*emplacement* qu'occupaient leurs bâtimens;

Tout propriétaire dont la propriété se trouvera *border* la rue de Bourbon et la place Sainte-Croix *pourra être forcé* à élever, dans un délai imparti, des façades suivant une forme et dans les dimensions exigées par des plans symétriques;

Tout propriétaire *en arrière des limites tracées* pourra être forcé d'avancer ses bâtimens pour se mettre dans l'alignement, et obligé de construire dans le délai prescrit et d'après le plan adopté;

Tout propriétaire dans le nouvel alignement sera tenu de payer une indemnité *de plus - value* pour raison des avantages acquis à sa propriété par l'ouverture de la rue de Bourbon et de la place Sainte-Croix;

L'établissement du premier pavé sera aux frais des propriétaires riverains, etc., etc., etc.

Sans doute *ce mode d'exécution* est rigoureux; il place sans cesse les propriétaires soumis à l'alignement dans un cas *d'exception*: il leur refuse *l'indemnité préalable*, et les renvoie, en cas de difficulté, devant *l'autorité administrative*; mais enfin, tel qu'il est, *ce mode d'exécution* résulte de la loi qui n'a considéré que le bien public et général, et a voulu mettre un terme à des abus qui ont si long-temps régné en France, procurer à toutes les villes du royaume la même beauté, la même régularité que l'on remarque dans la plupart des villes des états voisins, et faire exécuter toutes les dispositions de cette loi est pour les magistrats NON-SEULEMENT L'EXERCICE D'UN DROIT, MAIS L'ACCOMPLISSEMENT D'UN DEVOIR. *

---

* Arrêt de la Cour de cassation du 2 août 1828. Voir ci-après, p. 54 et 55.

ETAIT-IL un autre moyen d'atteindre le résultat voulu par l'ordon- Recherches d'un autre mode d'exécution que celui prescrit par la loi de 1807.
nance royale du 13 janvier 1819 et un MODE D'EXÉCUTION qui permît
d'accorder aux propriétaires soumis à l'alignement plus que la loi de
1807 dans ses parcimonieuses dispositions ne permettait de leur offrir ?
qui, replaçant tous les propriétaires dans le droit commun, leur laissât
toute latitude pour faire valoir et obtenir toutes les indemnités auxquelles ils pouvaient prétendre ? et qui, en cas de difficultés, les auto-
risât à recourir à leurs juges naturels ? enfin qui rétablît toutes les
choses dans leur cours ordinaire, mît à même de faire tout le bien de-
sirable, d'embellir la cité, sans que nulles plaintes particulières ne vins-
sent se mêler aux accens de la reconnaissance publique ?

Une telle pensée était digne des magistrats qui président aux destinées des Orléanais, et qui font leur gloire de s'occuper des besoins et
des intérêts de tous leurs concitoyens ; une telle recherche se conciliait
avec les soins de leur administration paternelle; elle devint l'objet de leurs
méditations. Bientôt ils entrevirent la possibilité de réaliser un dessein qui
était selon leur cœur ; mais, pour achever un pareil projet, ils avaient
besoin du concours de tous les bons citoyens. Ce n'était pas trop du zèle,
du dévoûment, des lumières de tous pour *préparer et accomplir* tout ce
qui se rattache à l'exécution d'une entreprise qui, par ses résultats immédiats, allait ranimer à-la-fois toutes les branches d'industrie, éveil-
ler tous les intérêts, occuper tous les esprits, et qui, dans l'examen de
ses détails présente plusieurs questions d'une haute administration.
Leurs intentions furent comprises, leur appel fut entendu : nul ne fut
sourd à la voix de ceux qui proclamaient l'*exécution d'un projet*
desiré depuis si long-temps, objet de la plus vive sollicitude de toutes
les administrations qui s'étaient succédé depuis nombre d'années.
D'anciens administrateurs donnèrent les premiers l'exemple d'un élan
qui partout et dans toutes les classes trouva de nombreux imitateurs.
Sous leurs auspices et encouragée par les plus honorables suffrages,

2

une ASSOCIATION se forma, certaine de voir croître le nombre de ses membres à mesure que l'opération serait mieux connue, et que l'exécution approcherait davantage de son résultat (12). Fixé approximativement, divisé en un nombre infini de souscriptions réparties à Paris, à Orléans et dans toutes les villes qui s'empressèrent de vouloir prendre part aux grands travaux dont Orléans, comme vers le milieu du siècle dernier, allait devenir le théâtre, le capital social fut assuré pour toute la dépense que pourrait exiger *l'entière exécution de l'entreprise, et sans que la ville fût jamais dans la nécessité de recourir à aucune mesure pour s'imposer de nouvelles charges pécuniaires* *. C'est alors et en admettant comme condition essentielle du contrat à intervenir, cette condition première de l'exécution du projet que des COMMISSAIRES choisis parmi les actionnaires adressèrent à la ville d'Orléans DES PROPOSITIONS accueillies à l'unanimité par le conseil municipal qui, dans sa délibération du 6 avril 1825 (13), déclara être prêt à TRAITER sur les bases présentées aussitôt que *l'ordonnance royale déclarative de l'UTILITÉ PUBLIQUE serait rendue, et que la compagnie serait régulièrement organisée.* Par acte du 10 juin 1825, le projet des STATUTS DE LA COMPAGNIE à la rédaction desquels prirent part divers banquiers de la capitale, plusieurs jurisconsultes, et les principaux actionnaires, fut déposé en l'étude de Me Cottenet, notaire à Paris, *pour être réalisés et la compagnie être organisée définitivement, aussitôt que la ville d'Orléans aurait fait rendre l'ordonnance royale, que, dans ses arrêtés, en date des 10 mai 1824 et 6 avril 1825, elle a invité M. le maire à solliciter du gouvernement.* Expédition desdits statuts et de l'acte de dépôt furent transmis à S. E. le ministre de l'intérieur. Une COMMISSION fut chargée de

---

* Les bienfaits du roi et des princes, les dons volontaires de plusieurs personnes généreuses et remplies de zèle pour l'exécution du projet, ne permettent plus de douter que cette promesse de la Compagnie ne soit fidèlement exécutée lors de la réalisation du traité avec la ville.

compléter tous les documens nécessaires, et spécialement de donner à l'opération la direction la plus convenable pour arriver au but proposé, et procurer les résultats desirés par toutes les parties intéressées. (14)

Enfin intervint cette décision de l'autorité souveraine qui devait combler le vœu le plus cher de la ville et donner aux magistrats l'heureuse possibilité de réaliser tout le bien qu'ils avaient conçu.

L'ordonnance royale du 16 septembre 1824, en déclarant l'entreprise de la rue de Bourbon et de la place Sainte-Croix d'UTILITÉ PUBLIQUE, vint substituer un nouveau MODE D'EXÉCUTION à celui prescrit par l'ordonnance de 1819, remettre toutes les parties sous une législation dont les dispositions conciliatrices n'excluent aucun genre de stipulation, n'impose d'autres délais, ne trace d'autre marche pour agir que ce qui sera reconnu nécessaire pour opérer le bien public, et permet d'assurer dans un TRAITÉ SOLENNEL toutes les garanties qu'il est indispensable de réclamer, 1° dans l'intérêt des autorités locales; 2° dans celui des propriétaires soumis à l'alignement; 3° dans celui de la compagnie chargée de l'exécution du projet.

DE LA LOI DU 10 MARS 1810,[*] — DE L'ORDONNANCE ROYALE DU 16 SEPTEMBRE 1825, — ET DU MODE D'EXÉCUTION QUI EN RÉSULTE.

Autant les droits des propriétaires soumis à l'alignement sont restreints et asservis lorsqu'ils ne peuvent s'exercer que sous l'empire de la loi de 1807, autant ces droits sont pleins et étendus lorsqu'ils viennent à s'exercer sous l'empire de la loi de 1810.

---

[*] Dans son *Traité de l'expropriation pour cause d'utilité publique*, qu'il vient de publier, M. Ch. Delalleau, ayant savamment discuté les principales questions que présente la législation sur cette matière, l'une des plus difficiles et des moins connues de notre droit, quoique l'administration et les particuliers aient sans cesse besoin d'y recourir, nous avons puisé dans son ouvrage tout ce qui a trait à l'objet spécial que nous avions à examiner.

2.

La première de ces lois est une loi de nécessité; l'autre est une loi de libre autorité où toutes les règles de la plus stricte équité sont régulièrement observées; aussi sous le régime de cette loi, nulle charge sans indemnité, nulle prohibition ni assujettissement sans dédommagement, nulle dépossession sans paiement préalable !

La loi du 10 mars 1810 est divisée en quatre titres :

Le premier contient des dispositions préliminaires ;

Le second, les mesures à prendre par l'administration avant l'expropriation ;

Le troisième, la procédure devant le tribunal ;

Le dernier, quelques dispositions générales ;

Il suit de cette distribution qu'on y distingue quatre points principaux ;

L'établissement des principes régulateurs;

Les opérations de l'administration pour provoquer l'expropriation , obtenir l'ordonnance royale déclarative de l'utilité publique et en suivre les effets ;

Les fonctions déléguées aux tribunaux ;

Enfin les moyens fournis aux propriétaires pour former leurs réclamations et obtenir leurs indemnités.

La même division sera établie dans l'analyse qui va suivre.

Etablissement des principes régulateurs.

Intervention de l'autorité souveraine pour *reconnaître l'utilité publique ;*

Concours de l'autorité judiciaire pour *prononcer* l'expropriation forcée et fixer l'*indemnité ,*

Telles sont les bases de la loi et les garanties qu'elle présente à tous les intéressés.

La mesure invoquée contre la propriété privée est d'abord discutée dans le conseil du souverain; le gouvernement avant de donner l'autorisation demandée s'entoure de tous les renseignemens qui peuvent lui faire connaître si les intérêts privés ne sont pas lésés par la mesure réclamée : tel est l'objet de l'intervention de l'autorité souveraine et la première garantie offerte à l'intérêt privé.

« L'utilité publique de la cession, dit M. de Cormenin, ne peut être « légalement constatée et déclarée que par une ordonnance royale « rendue sur le rapport du ministre de l'intérieur, de l'avis et sur la « désignation du préfet, et après avoir mis les parties intéressées en « état de fournir leurs contredits ». T. II, p. 382.

La loi n'a pas voulu que l'administration restât elle-même chargée de veiller à l'accomplissement des conditions imposées dans le but de garantir de toute atteinte illégale les droits des propriétaires, car c'eût été la rendre juge dans sa propre cause. Elle a cru devoir confier à une autre autorité la vérification des opérations ordonnées, et nulle autre ne pouvait être, plus convenablement que l'autorité judiciaire, chargée d'assurer l'exacte observation des conditions imposées par la loi.

Ainsi les droits des intéressés reposent sur la *double garantie* de l'autorité souveraine et de l'autorité judiciaire.

Opération de l'administration pour provoquer l'expropriation, obtenir l'ordonnance royale déclarative de l'utilité publique et en suivre les effets.

Avant de prononcer sur l'exécution des travaux, d'en reconnaître la nécessité, le gouvernement a besoin d'être éclairé : il est donc indispensable de faire dresser des projets et des plans.

La désignation des terreins à exproprier est faite par l'administration, et la publicité donnée au projet (15), l'établissement d'une commission chargée de recevoir les réclamations et de donner son avis sur chacune d'elles, empêchent toute espèce d'abus.

« A l'administration seule peut appartenir le droit de déterminer les

« propriétés particulières auxquelles devra s'appliquer la cession pour
« cause d'utilité publique; mais c'est ici que doit commencer, pour les
« propriétaires, l'exercice de tous les droits propres à les garantir, soit
« du despotisme des gens de l'art, soit des décisions irréfléchies ou in-
« justes de l'autorité même. Sans doute ces droits ne s'étendent pas jus-
« qu'à la critique du décret qui aura ordonné la construction d'une
« digue, l'ouverture d'une rue ou d'autres ouvrages de cette nature :
« ces questions de haute administration ne peuvent devenir le sujet d'un
« débat entre un simple particulier et l'autorité publique qui s'est
« éclairée, avant de prononcer, et dont l'acte solennel n'appelle plus
« que l'obéissance. » (*Exposé des motifs de la loi du 8 mars 1810,
fait au Corps-Législatif par M. le conseiller d'état* BERLIER.)

Un principe fécond en conséquences utiles, et dans lequel reposent tous
les avantages de la loi, c'est que l'ordonnance royale qui déclare l'utilité publique *ne prononce pas l'expropriation forcée.*

Quels sont donc les effets de cette ordonnance?

Elle autorise les travaux;

Elle décide comme ils intéressent l'autorité publique; on pourra recourir à une expropriation, si elle est reconnue nécessaire, mais *l'ordonnance ne prononce encore rien à cet égard.*

C'est ici que l'on doit apprécier toute la prévoyance du législateur et
la sagesse DU MODE D'EXÉCUTION admis par la loi.

Le législateur s'est flatté que L'UTILITÉ PUBLIQUE une fois RECONNUE
ET PROCLAMÉE, une vente DE GRÉ A GRÉ pourrait avoir lieu entre l'administration et le propriétaire.

Tout moyen pour parvenir à cette vente est donné, tout délai nécessaire pour la réaliser est accordé : *la loi n'en fixe aucun entre l'ordonnance royale* déclarative d'utilité publique *et le jugement* à obtenir
pour faire prononcer l'expropriation, dans le cas où il faudrait y recourir.

La marche à suivre pour arriver à ce résultat est également laissée à la discrétion du fonctionnaire chargé de négocier les acquisitions d'immeubles : il est libre d'agir comme il le juge convenable d'après l'état des choses et les ressources mises à sa disposition.

De son côté le propriétaire a toute latitude pour faire valoir tous ses droits, réclamer toutes les indemnités auxquelles il peut prétendre, faire intervenir son locataire, l'usufruitier, et tous ceux qui comme lui ont des droits à l'indemnité : mis en présence du fonctionnaire chargé d'acquérir, il peut se faire assister de son conseil, de son notaire. Si, au moment où des OFFRES lui sont faites, son opinion n'était pas encore formée sur la valeur de sa propriété, comme cela arrive quelquefois, il peut réclamer un délai pour réunir ses titres et s'entourer des lumières dont il a besoin : après ce délai il peut en requérir un nouveau. La loi a pris en considération la position de celui auquel elle demande un sacrifice, et veut que rien de ce qui peut tendre à alléger ce sacrifice ne lui soit refusé.

S'il s'opère un rapprochement, si par suite de concessions réciproques un ACCORD a lieu, si le traité amiable, que le législateur a tant cherché à favoriser, vient à se réaliser, tout se passe dans les formes ordinaires, tous les intérêts sont satisfaits, tous les devoirs sont remplis. Il est dressé ACTE DEVANT NOTAIRE des conventions arrêtées (16). Celui qui consent volontairement à la cession est un véritable vendeur dans toute l'acception légale du mot.

Quelle atteinte un pareil MODE D'EXÉCUTION peut-il réellement porter à la propriété particulière ? N'a-t-il pas pour effet, au contraire, de beaucoup plus favoriser les particuliers que l'état ? Des plaintes ne s'élèvent-elles pas de toutes parts, qui, au besoin, serviraient à démontrer cette vérité ?

Sous l'empire d'une loi qualifiée *loi d'expropriation*, nous retrouvons l'accomplissement de tout ce qui a lieu dans les cas ordinaires de transaction : le vendeur met lui-même sa chose à prix, et cette volonté devient *la base du contrat :* tous les délais que réclame le vendeur, pour s'éclairer, pour fixer son opinion, lui sont accordés, et si, enfin, on tombe d'accord, tout se passe comme dans toute pareille occasion.

Il faut le reconnaître, il était impossible d'admettre dans la loi des dispositions plus rassurantes, plus propres à faciliter, à *opérer un rapprochement entre le vendeur et l'administration* chargée d'acquérir.

Mais ce rapprochement des deux parties contractantes peut ne point avoir lieu ; des obstacles de plus d'un genre peuvent long-temps l'arrêter et même l'empêcher tout-à-fait. Ici devait cesser le rôle de conciliateur attribué par la loi à l'administration et commencer l'intervention de l'autorité judiciaire !

Telles sont les deux périodes marquées par la loi ; telle est la marche progressive qu'elle suit pour arriver au but qu'elle veut atteindre.

Si donc, malgré la PUBLICATION de l'ordonnance qui proclame L'U-TILITÉ PUBLIQUE, si, malgré les efforts de l'administration, tout accord devient impossible, alors tout rentre dans l'attribution des tribunaux : IL Y AURA EXPROPRIATION FORCÉE, et ce sera aux tribunaux à la prononcer.

Mais, jusque-là, toutes les formes conciliatrices auront été épuisées, tous les délais utiles auront été accordés, des offres suffisantes auront été faites et le vendeur n'aura nul droit de se plaindre.

Fonctions déléguées aux tribunaux.

Les fonctions déléguées par la loi aux tribunaux consistent :

1° A vérifier si toutes les formalités exigées ont été régulièrement remplies ;

2° A prononcer l'expropriation, s'il n'intervient pas un accord entre l'administration et le propriétaire, et à fixer l'indemnité due aux diverses parties.

§ I.

Vérification par les tribunaux de toutes les formalités exigées.

Le législateur ayant voulu que, dans aucun cas, l'administration ne pût soustraire ses actes à l'investigation du pouvoir judiciaire, a pensé que l'intervention des tribunaux deviendrait une utile protection pour les propriétaires, par le contrôle qu'on pourrait sans danger lui donner sur les actes de l'administration.

« L'administration, disait au Corps-Législatif M. le conseiller d'état « Berlier, instruite que les tribunaux peuvent examiner si les opérations « sont revêtues des formes protectrices de la propriété, deviendra en-« core plus attentive à les observer, et ce nouveau genre de contrôle « ou de censure sera une puissante garantie contre les injustices qui « pourraient résulter de trop de précipitation. »

Le tribunal est donc chargé de vérifier si toutes les formalités voulues par la loi ont été remplies.

S'il reconnaît que quelqu'une des formalités n'a pas été observée, il déclare qu'il n'échet de prononcer l'expropriation demandée en indiquant les motifs de cette décision.

S'il reconnaît qu'elle ne l'a pas été à l'égard de quelques-uns des propriétaires seulement, en prononçant l'expropriation contre les propriétaires à l'égard desquels les formalités ont été remplies, il déclare qu'il n'échet de statuer, quant à présent, sur le surplus du réquisitoire, et motive sa décision sur l'un et l'autre point.

Mais, dans tous les cas, les tribunaux n'ont à s'occuper que de l'observation de ces formalités, et dès qu'elles ont été remplies il ne peut s'immiscer dans l'examen de l'utilité des travaux ni s'occuper de la direction qu'il convient de leur donner : autrement les tribunaux deviendraient les juges de l'utilité publique, et ce droit est réservé au souverain.

3

Si le tribunal reconnaît que toutes les formalités voulues ont été exactement remplies, il prononce l'expropriation des terrains et édifices désignés dans l'arrêté du préfet et à l'égard desquels on n'a pu traiter à l'amiable.

§ II.

Procédure devant le tribunal pour rendre le jugement d'expropriation et le jugement en fixation d'indemnité.

Pour faire prononcer l'expropriation pour cause d'utilité publique, il y a deux procédures bien distinctes :

Celle pour parvenir au jugement ;

Celle pour la fixation de l'indemnité.

« On doit considérer la position du tribunal sous deux rapports dif-
« férens. Quand il ordonne la cession, il remplit une fonction extraor-
« dinaire et sort de ses attributions habituelles. Il y rentre, et reprend
« son caractère propre, quand il prononce sur les débats d'intérêt, et
« alors il doit en être saisi par la voie ordinaire ». (M. LOCRÉ, t. IX, p. 70.)

Pour le jugement d'expropriation, le tribunal est saisi par la remise de l'arrêté du préfet.

Pour la fixation des indemnités, il est saisi par la voie ordinaire de l'assignation.

Lors donc que les propriétaires ou quelques-uns d'entre eux ne veulent pas se rendre aux PROPOSITIONS qui leur sont faites, ou s'il y a seulement absence d'un acquiescement formel, il devient indispensable de faire prononcer par le tribunal l'expropriation, pour cause d'utilité publique, des terrains et édifices désignés par l'administration.

A cet effet l'arrêté du préfet, indicatif des propriétés cessibles, est par lui transmis, avec copie des autres pièces, au procureur du roi : si une partie des propriétés nécessaires aux travaux ont été acquises à l'amiable, le préfet devra en informer le procureur du roi, afin que celui-ci ne requière l'expropriation que des terreins pour lesquels il n'a pu y avoir d'arrangement amiable.

Le procureur du roi, dans les trois jours suivans, requiert du tribunal l'exécution de l'arrêté du préfet : à cet effet, il dépose un réquisitoire dans lequel il demande que le tribunal prononce l'expropriation de tous les terreins et édifices compris dans l'arrêté ou de ceux des terreins dont on n'a pu traiter à l'amiable. Il joint à son réquisitoire les pièces qui lui ont été transmises par le préfet.

Si les travaux se font par une compagnie chargée de l'acquisition des terreins, c'est la compagnie elle-même qui requiert l'expropriation PAR LE MINISTÈRE DE SON AVOUÉ.

Le tribunal prononce sans retard, vu l'urgence.

« Ne cédons pas, dit M. Riboud dans son rapport au Corps-Législa-
« tif, à la première impression que peut produire la célérité d'un ju-
« gement rendu sans la présence du propriétaire, et sans la fixation
« préalable de l'indemnité. Considérons qu'il s'agit en ce moment de
« procurer l'exécution de l'art. 545 du Code civil, qui confère un pri-
« vilège en faveur de l'utilité publique ; que ce jugement est rendu som-
« mairement et par défaut ; que le propriétaire condamné peut recourir
« et qu'ainsi ses droits sont encore entiers. »

La loi dit (art. 13) qu'alors le tribunal autorisera le préfet à se mettre en possession des terreins et édifices désignés en l'arrêté, à la charge de se conformer aux autres dispositions de la loi.

Aujourd'hui, le jugement qui prononce l'expropriation ne pourrait plus être conçu dans les mêmes termes, car, depuis la Charte, le préfet ne peut se mettre en possession qu'après le *paiement* de l'indemnité réglée à l'amiable ou fixée par jugement.

Ainsi, d'après les principes consacrés par la Charte, le jugement qui prononce l'expropriation ne doit pas autoriser le préfet à se mettre en possession des terreins et édifices.

Ce jugement doit uniquement déclarer l'expropriation, pour cause d'utilité publique, des terreins qu'il désigne.

3.

Le préfet ne sera autorisé à se mettre en possession que par le contrat qu'il passera avec le propriétaire ou par le jugement qui fixera l'indemnité, lequel alors ordonnera qu'en payant ou consignant le montant de cette indemnité, le préfet pourra prendre possession.

Le jugement énonce l'époque à laquelle l'administration veut prendre possession. Cette mention est requise pour que le propriétaire sache s'il doit ou non abandonner immédiatement la propriété; elle l'est aussi pour le réglement de l'indemnité, et, sous ce rapport, elle est utile à l'administration comme aux propriétaires. Sans cela, les expropriés pourraient prétendre que les indemnités de non-jouissance doivent toujours courir du jour du jugement d'expropriation et non du jour de la dépossession.

Si le tribunal refuse l'expropriation, soit pour toutes les propriétés, soit pour quelques-unes, il peut y avoir appel de son jugement.

Il est statué par la Cour royale de la même manière qu'en première instance, le procureur général présente un réquisitoire pour demander la réformation du jugement ou de la partie du jugement qui préjudicie à l'état.

Le jugement d'expropriation devant être publié et affiché, afin que les intéressés puissent l'attaquer, il est indispensable qu'il contienne les mentions nécessaires pour que ceux-ci, par sa seule lecture, reconnaissent tout ce qui les concerne. (17)

Les réclamations doivent avoir lieu dans les huit jours qui suivent les publications et affiches faites en la commune où est située la propriété qui donne lieu à la réclamation. Cette réclamation est formée par UNE REQUÊTE que le propriétaire présente au tribunal PAR LE MINISTÈRE DE SON AVOUÉ.

Le tribunal ordonne la communication de la requête au préfet, par la voie du procureur du roi (18), et peut surseoir à toute exécution.

Le préfet doit, sur-le-champ, répondre à cette communication et justifier la régularité de l'expropriation par lui requise; car le tribunal, à l'expiration de la quinzaine, peut prononcer sans avoir reçu la réponse du préfet.

Si l'expropriation est requise dans l'intérêt d'un établissement public ou d'une compagnie, le procureur du roi ou le préfet doit de suite leur donner connaissance de cette réclamation. (19)

Le jugement d'expropriation a pour effet de transmettre à l'état ou aux concessionnaires *la propriété* mais non *la possession* des biens y désignés, et ne laisse aux détenteurs qu'un droit à l'indemnité. Si le jugement n'est pas attaqué, ou s'il est maintenu par le tribunal ou par la Cour royale, la transmission est définitive et irrévocable, et le propriétaire ne peut plus disposer de l'immeuble que sous la charge de la cession au profit de l'état.

La transcription au bureau des hypothèques et la purge des hypothèques légales sont requises pour le jugement d'expropriation comme pour tous les autres actes translatifs de propriété. Les créanciers qui n'auraient pas pris inscription avant le jugement d'expropriation pourraient le faire dans la quinzaine de la transcription. (20)

Pour que la possession soit également transmise et que tout soit consommé à l'égard de l'expropriation forcée, il faut encore qu'il ait été statué sur les indemnités; c'est le cas d'une nouvelle instance qui s'introduit par la voie ordinaire de l'assignation (21), il faut enfin que les ayant-droits aient reçu le montant de leurs indemnités ou qu'ils aient été mis en état de les recevoir, et qu'en cas de refus de leur part ou d'obstacles au paiement, le montant des indemnités ait été régulièrement consigné.

Moyens fournis aux propriétaires, locataires, usufruitiers, etc., pour former leurs réclamations et obtenir le paiement de leurs indemnités.

Ce n'était pas assez d'avoir fait prononcer l'expropriation : comme on ne peut prendre possession du bien exproprié qu'après avoir payé l'indemnité, il fallait faire fixer cette indemnité, et l'on a vu les motifs qui ont déterminé les tribunaux à la faire prononcer.

Mais, de même qu'après l'ordonnance royale déclarative de l'utilité publique, le législateur a laissé tous les moyens possibles de parvenir à un accord et à une vente amiable, en exigeant que le recours à l'autorité judiciaire pour faire prononcer l'expropriation n'eût lieu qu'après avoir tenté une vente amiable et reconnu l'impossibilité d'y parvenir :

De même, après l'obtention du jugement qui prononce l'expropriation, le législateur ouvre encore une porte à la conciliation pour opérer un rapprochement et fixer à l'amiable le montant des indemnités.

Toute latitude est pareillement laissée au fonctionnaire lorsqu'il s'agit de s'entendre sur l'indemnité, comme lorsqu'il s'est agi de faire un traité amiable de vente.

Tous les moyens de s'éclairer sont également mis à la disposition de celui contre lequel l'expropriation est prononcée.

Si cet accord a lieu, et qu'il intervienne un réglement de gré à gré sur le montant de l'indemnité, il en est dressé ACTE DEVANT NOTAIRES ; il n'est pas donné suite à aucune autre procédure et la nouvelle instance ne s'engage pas.

Partout où le législateur a pu suspendre la marche de l'expropriation et la convertir en une négociation amiable, il l'a fait avec la sollicitude qui a présidé à toute l'économie de la loi.

Enfin, à défaut de réglement amiable sur la fixation de l'indemnité et lorsqu'il est reconnu tout-à-fait impossible, la fixation de cette indemnité est prononcée par le tribunal, soit sur la demande de l'administration, soit sur celle de la partie expropriée.

Le tribunal ne peut prononcer l'estimation en masse par un jugement collectif, comme celui qui prononce l'expropriation : il faut nécessairement qu'il y ait une procédure distincte à l'égard de chaque propriétaire. (22)

Le tribunal fixe cette indemnité en ayant égard aux baux actuels, aux contrats de vente passés antérieurement, etc.

Mais, même en puisant dans ces divers documens, les juges n'auraient souvent que des données bien incertaines.

Le législateur a prévu qu'il pourrait y avoir une infinité de circonstances dans lesquelles l'indemnité ne pourrait être déterminée par le seul examen des titres, et alors il a laissé aux juges la faculté de la faire évaluer par un ou trois experts qu'ils nomment d'office.

Ainsi les tribunaux peuvent évaluer eux-mêmes l'indemnité après ou sans estimation préalable par des experts; ils ordonnent l'expertise s'ils croient en avoir besoin pour s'éclairer; ils ne l'ordonnent pas quand ils auront d'ailleurs des moyens d'évaluation.

Le rapport des experts ne lie pas le tribunal, et ne vaut que comme renseignement.

« S'il est conforme au droit commun, disait M. Berlier, que le ré-
« sultat d'une expertise ne lie point irrévocablement les tribunaux,
« c'est surtout dans les matières que nous discutons qu'il importait de
« bien assigner ce caractère et de le renfermer dans les termes d'un
« seul renseignement propre à éclairer les juges, mais non à leur
« faire la loi. »

« La sagesse de cette disposition, disait M. Riboud, n'a pas besoin
« de développement : on sait combien il serait dangereux que l'avis des
« experts fût une loi. »

Le jugement qui fixe l'indemnité doit indiquer particulièrement combien il alloue pour chaque cause d'indemnité invoquée.

En effet, s'il y avait un usufruitier, l'allocation pour privation de jouissance lui appartiendrait exclusivement, et il ne serait tenu de restituer à la fin de son usufruit que la somme accordée pour indemnité du fonds. Le prix de l'immeuble appartient aux créanciers hypothécaires, les intérêts appartiennent à l'exproprié ou à ses créanciers chirographaires.

Le mari est tenu de faire emploi du capital alloué pour un bien appartenant à sa femme; il peut au contraire disposer des intérêts : d'un autre côté, l'indemnité due pour l'immeuble produit des intérêts de plein droit, tandis qu'il n'en est pas de même de toutes les indemnités accessoires, notamment de celles qui seraient allouées pour frais de remploi ou pour des travaux rendus indispensables par l'expropriation.

Les administrateurs ne doivent ordonnancer un paiement d'indemnité qu'autant que le jugement est devenu exécutoire, ou a été prononcé en dernier ressort. Si le jugement est susceptible d'appel, ils doivent consulter l'autorité supérieure pour se faire autoriser à y acquiescer ou à en appeler et refuser le paiement jusqu'à ce qu'ils aient été autorisés à payer, ou que la Cour royale ait prononcé.

Enfin l'indemnité allouée par le jugement doit toujours être acquittée avant que l'administration ou la compagnie concessionnaire aient pris possession du terrain exproprié, car l'indemnité préalable, proclamée comme une des règles fondamentales de notre législation par l'art. 10 de la Charte, est évidemment le *paiement* préalable de l'indemnité et non la *fixation* préalable.

Mais il peut y avoir des obstacles au paiement. Ces obstacles peuvent venir de ce qu'il existe des hypothèques sur le bien exproprié, ou des saisies-arrêts entre les mains de l'administration; de ce que le bien a été donné en antichrèse, ou enfin de ce que personne ne peut donner une quittance qui libère l'administration.

Alors, comme dans les cas ordinaires où ces obstacles se présentent, l'administration ou les concessionnaires font des offres réelles des sommes allouées par le jugement pour raison des indemnités dues et

par suite du refus ou de l'impossibilité de les recevoir on en consigne le
montant à la conservation de qui il appartient.

Les propriétaires seront ainsi toujours certains de toutes leurs indemnités, dès qu'ils auront fait cesser les obstacles qui s'opposent au
paiement, et le vœu de la loi et l'intérêt des ayans-droit à l'indemnité
sont tous également satisfaits.

Telle est la loi de 1810;

Tels sont les DROITS qu'elle établit en faveur de la propriété particulière lorsque l'UTILITÉ PUBLIQUE a été reconnue et proclamée
par l'autorité souveraine;

Tels sont ceux aujourd'hui qui, par suite du MODE D'EXÉCUTION
tracé par cette loi et en vertu de l'ORDONNANCE ROYALE DU 16 SEP-
TEMBRE 1825, déclarative de l'utilité publique, profitent tous à tous
les propriétaires situés dans l'emplacement de la rue de Bourbon et de
la place Sainte-Croix. *Ordonnance royale du 16 septemb. 1825.*

Les DROITS nombreux que cette loi vient ouvrir pour raison des
diverses indemnités qui peuvent être dues; la multiplicité et la sagesse
des précautions qu'elle prend pour que ces DROITS puissent toujours
être entièrement et pleinement invoqués et exercés; les pouvoirs
qu'elle met aux mains de l'administration pour convertir en une transaction amiable ce qu'elle aurait la facilité d'obtenir autrement, tout
annonce dans le législateur un désir bien marqué de garantir la propriété particulière de tout envahissement, de toute violence, et tout
prouve journellement que ce but non-seulement est atteint, mais
souvent dépassé.

« En considérant cette loi dans son ensemble et dans ses résultats,
« disait l'orateur du gouvernement, il demeure certain que, par les
« formes qui y sont établies, par la latitude qu'elle donne au dévelop-
« pement des réclamations, par l'intervention des tribunaux, la pu-

4

« blicité des jugemens, le mode de fixation des indemnités, ELLE
« EST VÉRITABLEMENT PROTECTRICE DES PROPRIÉTAIRES ; qu'en la
« comparant à ce qui se pratique actuellement (la loi de 1807), sa su-
« périorité est incontestable ; qu'enfin, elle est tout à-la-fois un hom-
« mage rendu au principe du respect pour la propriété et à celui de
« l'intérêt que commande l'utilité publique.

« Une considération que l'on ne doit pas perdre de vue pour appré-
« cier l'esprit qui a dirigé le gouvernement dans le projet, c'est qu'une
« nouvelle loi ne lui était pas nécessaire pour exécuter des travaux
« publics ou des améliorations, et pour acquérir les propriétés placées
« sur la ligne des travaux : il pouvait suivre la marche adoptée jusqu'ici
« (celle prescrite par la loi de 1807) : si elle a des inconvéniens, ils ne
« sont pas directs pour lui ni pour l'administration, ils le sont pour
« les propriétaires ; mais comme le bien général est son premier
« système, il a voulu rendre leur situation meilleure ; il a pesé leurs
« intérêts ; il s'est imposé des règles plus étroites, et il a pensé que
« si la puissance est un grand levier, l'exacte justice en augmente la
« force. »

Qui pourrait encore hésiter entre le MODE D'EXÉCUTION prescrit par
l'ordonnance royale du 13 janvier 1819, rendue sous l'influence de la
loi de 1807 et CELUI qui résulte de l'ordonnance royale du 16 septembre
1825 rendue en vertu de la loi de 1810 ?

Qui pourrait préférer UN MODE D'EXÉCUTION basé sur l'établissement
de servitudes onéreuses où tout marche avec lenteur, sans ensemble,
sans nul encouragement et comme par violence, à CELUI qui repose sur
un système bien ordonné de garanties offertes à tous les intérêts, où tout
court au succès, propriétaires, autorités, actionnaires et tend à l'assurer?

Qui, pour achever en peu d'années l'entière exécution d'une pareille
entreprise, chercherait à méconnaître les nombreux avantages et les

immenses ressources d'une ASSOCIATION qui ne s'arrête devant aucun sacrifice, parce que quelque grand qu'il soit, réparti sur tous ses membres, il devient infiniment léger? et qui ne s'effraie d'aucune somme à fournir, parce que les entreprises qui absorbent de vastes capitaux ne s'exécutent qu'en fécondant de nombreuses industries de détail qui s'exercent autour d'elles, et qu'on y trouve d'avance d'incalculables facilités pour la création d'un capital social.

En suivant le système d'exécution voulu par l'ordonnance de 1819 (mettant tout-à-fait à part l'intérêt des propriétaires soumis à l'alignement), combien d'années s'écouleraient encore, combien de générations passeraient avant que la ville pût jouir du bel ensemble que vont offrir les élégantes constructions dont elle a senti le besoin, les édifices qui lui manquent, enfin une rue monumentale qu'exige l'abord de l'une des plus magnifiques cathédrales de France, dont la réédification, objet d'un vœu de Henri IV (23), a été commencée par le glorieux chef de la maison de Bourbon, continuée par ses successeurs, et pour l'achèvement de laquelle les différens ministères allouent chacun sur leur budget des sommes considérables! Au lieu de contempler chaque jour les rapides progrès de ces nombreux édifices dont la construction va occuper tant de bras et répandre partout le mouvement et la vie, l'œil pendant long-temps aurait été attristé par des ruines et des décombres étendus dans tout le long emplacement de la rue de Bourbon et de la place Sainte-Croix; la sûreté eût été compromise, et peut-être des procès sans nombre, dont la décision aurait appartenu à l'autorité administrative, seraient-ils venus encore ajouter au mal produit par un pareil état de choses?

Le ROI a reconnu et proclamé l'UTILITÉ PUBLIQUE DES TRAVAUX IMMÉDIATS de la rue de Bourbon, et sa munificence a voulu les en-

4.

courager : son NOM figure en tête de la LISTE des actionnaires, comme partout où il y a du bien à faire et un noble exemple à donner.

Un PRINCE, dont les ancêtres, fidèles protecteurs des Orléanais, ont si puissamment contribué de tout temps à embellir leur ville, à y répandre le goût des sciences, à y favoriser le développement du commerce lorsqu'il ne faisait encore que de naître en France, a voulu leur donner des gages particuliers de cette haute protection qui se plaît à encourager les efforts tentés dans toutes les carrières, et a conquis de nouveaux droits à leur amour et à leur reconnaissance.

La liste des FONDATEURS rappelle des NOMS chers aux Orléanais et souvent les plus grands services rendus à la patrie. Les anciennes et les nouvelles illustrations, les grands talens, les grandes fortunes, tout y est confondu, et prouve que l'appel fait au nom du bien public, des progrès des arts, des encouragemens de l'industrie, a retenti dans toutes les classes de la société, et a été partout entendu. Sur cette LISTE qui sera déposée aux pieds du trône et ira témoigner à SA MAJESTÉ avec quel empressement les Français suivent l'impulsion qu'il leur donne, M. *de Cypierre,* ancien intendant d'Orléans, figure à côté de M. *de Talleyrand* et de M. *de Choiseul-d'Aillecourt,* anciens préfets du Loiret; M. le duc *d'Avaray* à côté de M. *Chabrol de Crusol;* M. l'abbé *Desjardins,* à côté de M. l'abbé *Gallard* et de S. Ex. Mgr. *Feutrier,* ministre des affaires ecclésiastiques; M. le marquis *de Saint-Simon* à côté de M. le comte *Daru ;* M. le marquis *de Colbert-Chabannais* à côté de M. le comte *de Tascher,* M. le vicomte *de Châteaubriand* à côté de M. le marquis *Dessoles ;* M. le comte *de Lasteyrie* à côté de M. le baron *Ch. Dupin,* etc. Des noms sur lesquels une fortune honorablement acquise ou conservée, ou de grands travaux d'économie politique appellent la confiance, MM. *Baguenault, Alexandre* et *Casimir Périer, J. Lefebvre, Vassal, Ladureau, J. Thayer, Doyen, Bouard, Gombault, Crignon-Bonvallet,* etc., déposent en faveur d'une entreprise pour laquelle tout était encore à créer il y a quelques années et pour laquelle tout est prêt aujourd'hui.

Un seul MODE D'EXÉCUTION a pu assurer cet heureux et prompt résultat!

C'est celui qui, plaçant toutes les parties contractantes sous l'empire de la loi de 1810, permet toutes les transactions, concilie tous les intérêts, appelle toutes les capacités, profite de toutes les lumières..... CELUI ENFIN QUI DÉRIVE DE L'ORDONNANCE ROYALE DU 16 SEPTEMBRE 1825!

Le CHOIX ne pouvait donc être douteux et les EFFETS ne tarderont pas à répondre aux espérances conçues par les AUTORITÉS LOCALES, en adoptant CE MODE D'EXÉCUTION ; par les PROPRIÉTAIRES VENDEURS, en l'appelant de tous leurs vœux ; par les ACTIONNAIRES, en les secondant de tous leurs efforts ; enfin par le PUBLIC qui ne cesse de suivre avec le plus vif intérêt tout ce qui se rattache à cet utile projet, et dont l'attention soutenue pendant tant d'années, les encouragemens nombreux qu'il continue de lui donner, sont le gage le plus irrécusable de la bonté d'une entreprise, la preuve la plus certaine du succès qui lui est destiné et la première récompense de ceux qui lui ont consacré leurs veilles et leurs travaux.

NOTES.

(1) P. 3. *Aux termes des art.* 50 *et* 52.

« Art. 50. Lorsqu'un propriétaire fait volontairement démolir sa maison ; lorsqu'il est forcé de la démolir pour cause de vétusté, il n'a droit à aucune indemnité que pour la valeur du terrain délaissé si l'alignement qui lui est donné par les autorités compétentes le force à reculer sa construction. »

« Art. 52. Dans les villes les alignemens pour l'ouverture des nouvelles rues, pour l'élargissement des anciennes qui ne font pas partie d'une grande route, ou pour tout autre objet d'utilité publique seront donnés par les maires conformément au plan dont les projets auront été adressés aux préfets, transmis avec leur avis au ministre de l'intérieur et arrêtés au conseil d'état. »

(2) P. 3. *Un décret du 27 juillet* 1808.

Décret qui fixe un délai pour la délivrance des alignemens partiels dans les villes.

Du 27 juillet 1807.

« Vu l'art. 52 de la loi du 16 septembre 1807 :

« Art. 1er. Les alignemens qui seront donnés par les maires, dans les villes, après l'avis des ingénieurs et sous l'approbation des préfets, seront exécutés jusqu'à ce que les plans généraux d'alignement aient été arrêtés au conseil d'état, et au plus tard pendant deux années, à compter de ce jour.

« En cas de réclamation de tiers intéressés, il sera statué en notre conseil, sur le rapport de notre ministre de l'intérieur. »

Le ministre de l'intérieur, par une circulaire du 18 août 1808, en notifiant aux préfets le décret du 27 juillet précédent, ordonna qu'il fût procédé dans toutes les villes au levé des plans d'alignemens voulus par ce décret et par l'art. 52 de la loi du 16 septembre 1807. Les circulaires du 16 novembre 1811 et 29 octobre 1812, traitèrent les mêmes sujets, indiquèrent les formalités à observer quant aux informations que les projets doivent subir, aux discussions des alignemens proposés, aux pièces dont il y avait lieu d'exiger la production à l'appui des plans. La dernière demandait qu'une copie de ces plans, réduite à l'échelle uniforme de cinq lignes par toise, en accompagnât l'envoi; bientôt on demanda que tous les plans fussent dressés sur une même échelle, et une circulaire du 17 juillet 1813 indiqua trois dimensions, savoir : six, trois et deux dixièmes de millimètre par mètre, pour les trois copies de plans que chaque ville devait fournir; mais on ne tarda pas à reconnaître que la plus grande de ces trois dimensions était insuffisante, et à plus forte raison, les deux autres. Une nouvelle circulaire du 17 août 1813 avait donné une instruction développée sur la forme, dans laquelle les plans doivent être établis; celle du 23 février 1815 décida que les trois expéditions exigées seraient dressées à l'échelle d'un millimètre par mètre. Cependant l'expérience montra que cette dernière échelle était au-dessous de ce qu'exigeaient l'exactitude graphique, la netteté des lignes et la facilité des indications, et par une dernière instruction du 20 octobre 1815, il fut définitivement statué que les plans de détail seraient dressés en atlas, à l'échelle de un à cinq cents, et les plans d'ensemble sur celle d'un à deux mille. C'est d'après cette instruction, la plus complète qui ait été donnée que s'exécutent aujourd'hui les plans qui n'ont point été délivrés ou commencés suivant les premiers modes indiqués. (*Recueil métho-dique et raisonné des lois et réglemens sur la grande voirie, les alignemens et la police des constructions, contenant un résumé de la jurisprudence du ministère de l'intérieur et du conseil d'état sur cette matière*, par H. G. DA-VENNE, *sous-chef au ministère de l'intérieur*, 1824, p. 58 *et suivantes.*)

La circulaire d'envoi de cette instruction exige trois copies de plans; mais pour épargner aux villes des dépenses sans utilité pour elles, le ministre de l'intérieur consent à ce que deux expéditions seulement soient envoyées, savoir : l'original et la copie; cette dernière est transmise au maire, certifiée conforme à l'ordonnance royale approbative du plan; l'autre reste annexée à la minute de l'ordonnance dans les archives du ministère, où elle peut être au besoin consultée.

Aussitôt qu'un plan est levé, le conseil municipal nomme une commission prise dans son sein, pour y tracer, de concert avec le géomètre, les redressemens et les alignemens nouveaux que les besoins de la circulation ou du commerce, et en général les raisons d'utilité publique lui paraissent comporter. Le conseil municipal entend le rapport de la commission, discute et adopte le plan, qui est ensuite exposé publiquement à la mairie. (*Idem.*, p. 66 et 67.)

« Le plan d'Orléans, dressé par M. Pagot, architecte de la ville et du dé-
« partement, est d'une exactitude rigoureuse ; il serait à desirer que les occu-
« pations nombreuses de M. Pagot lui permissent d'y ajouter les travaux
« exécutés par la ville depuis qu'il a été fait, et que ce plan manuscrit fût
« ensuite exécuté et rendu public. » (*Indicateur Orléanais, par* M. C. F.
VERGNAULT ROMAGNÉSI.)

(3) P. 3 *L'alignement étant non la délimitation de la propriété d'après son état actuel, mais la déclaration de la limite que l'administration veut établir,* L'alignement est la limite fixée entre la voie publique et les propriétés privées, soit qu'elle résulte de l'état de possession, soit qu'il y ait eu changement prononcé par un réglement d'administration publique. Les règles à cet égard sont les mêmes pour la grande voirie, comme pour la voirie municipale. Dans les deux cas, c'est à l'autorité administrative qu'il appartient de donner et de faire exécuter les alignemens, savoir : pour les routes et rues de grande voirie, le préfet ; et pour la voirie municipale, le maire de la commune.

On entend encore par ce mot l'opération qui consiste à déterminer sur le terrain la position que doivent occuper les édifices riverains des voies publiques.

L'objet principal de l'alignement est, 1° de donner aux rues des villes comme aux routes et chemins publics en général, la largeur nécessaire et la direction convenable ;

2° De faire disparaître les renfoncemens qui favorisent la malveillance et nuisent à la propreté, à la salubrité de l'intérieur des villes ;

5° D'obtenir, autant qu'il est possible, par la régularité des lignes, un moyen d'embellissement favorable aux progrès des arts.

Sous l'ancienne législation, et avant qu'on eût imaginé de fixer à l'avance

5

par des plans légalement arrêtés, un système général d'alignement, les réglemens se bornaient à recommander *de redresser les murs où il y a plis ou
coude et de pourvoir à ce que les rues s'embellissent et s'élargissent au mieux
que faire se pourra. Édit de décembre 1607. A l'égard des grands chemins,
il y est seulement dit qu'ils seront conduits de droit alignement ; et qu'à cet
effet il sera permis de passer sur les héritages des particuliers, sauf l'indemnité
qu'il y aura lieu de faire régler. Arrêté du Conseil du 25 mai 1705.*

Mais ces dispositions trop indéterminées laissaient au pouvoir adminis-
tatif une latitude redoutable pour les propriétaires dont les droits étaient sans
force contre l'ordre d'un simple magistrat ; des réglemens plus précis étaient
donc indispensables, tant pour mettre les citoyens à l'abri des erreurs ou des
fautes de l'administration que pour épargner à celle-ci le reproche de l'arbi-
traire dans les décisions qu'elle était appelée à rendre en pareil cas.

L'arrêt du conseil du 27 février 1765, les lettres-patentes du 10 avril 1782
et l'art. 52 de la loi du 16 septembre 1807, en ordonnant la formation des plans
généraux pour les routes entretenues aux frais de l'état, pour les rues de la
ville de Paris, et enfin pour *toutes les villes* du royaume, ont atteint ce but
désirable.

*Ces plans, une fois arrêtés après discussion contradictoire, deviennent en
quelque sorte des contrats qui lient réciproquement l'administration et les particuliers, et c'est dans l eur exécution rigoureuse et impartiale que repose la
garantie de tous les intérêts.* (DAVENNE, p. 31 et suivantes.)

(4) P. 4. *De cette différence résultent toutes celles qui existent entre les droits
des propriétaires soumis à l'alignement,* etc.

La mesure de l'alignement a pour résultat d'intervertir les rôles, de con-
stituer le propriétaire *demandeur* en indemnité (de la valeur du terrein délaissé à la voie publique) quand il aurait dû être *défendeur* en expropriation,
et de rendre illusoire le principe de l'indemnité préalable. (DELALLEAU,
Traité de l'expropriation pour cause d'utilité publique, t. II, p. 531.)

(5) P. 4. *Il subira une légère perte.*

Le conseil d'état a toujours repoussé la prétention des propriétaires soumis
à l'alignement d'obliger la commune à acquérir leur terrein. Voir notamment les arrêts du conseil du 4 juin 1823, affaires *Dudoit* et *Champfort.*
(MACAREL, t. v, p. 405 et 410.)

(6) P. 5. *Et en général à tous ceux qui se trouvent situés sur l'emplacement
destiné à la voie publique comme il est tracé par le nouvel alignement.*

« La cour de Cassation a rendu le 2 de ce mois un arrêt que le projet de
« construction de la rue de Bourbon rend d'un grand intérêt pour nos con-
« citoyens. Nous nous empressons de le faire connaître à nos lecteurs.

« *Lorsqu'il existe un arrêté pris par un maire et approuvé par l'autorité su-*
« *périeure , dans les formes prescrites par la loi, qui détermine un plan d'après*
« *lequel des propriétés privées sont destinées à entrer dans la voie publique ,*
« *lorsqu'elles viendront à être démolies par le propriétaire , ou à tomber en*
« *ruine , est-il interdit au propriétaire de faire aucune construction ou répara-*
« *tion sur les terreins qui ont reçu cette destination, même lorsque ces con-*
« *structions ou réparations ne sont pas faites sur la ligne de la voie publique ,*
« *mais sur un terrein intérieur, séparé de la voie publique par une clôture et*
« *sans que le propriétaire puisse réclamer d'indemnité préalable?* (Rés. aff.)

« Il existe un arrêté du maire de la ville de Tours d'après lequel un
« terrein, possédé aujourd'hui par le sieur Chandesais , et qui est séparé de
« la voie publique par une clôture , est destiné à faire un jour partie du pro-
« longement d'une place publique. Cet arrêté a été soumis au préfet, et, le 2
« août 1820, est intervenue une ordonnance royale qui autorise l'exécution
« future du plan.

« Le sieur Chandesais construisit un mur et répara une échoppe dans l'in-
« térieur de son habitation, mais sur un terrein qui, d'après le plan du
« maire, avait reçu la destination dont il vient d'être parlé.

« Traduit en police municipale, le sieur Chandesais avait été renvoyé de
« la plainte ; le juge-de-paix s'était fondé sur ce qu'il était impossible d'étendre
« l'application de l'arrêté du maire à des constructions qui n'étaient pas faites
« sur la ligne de la voie publique ; que s'il en était autrement, le droit du pro-
« priétaire serait entravé , sans que cependant, aux termes de l'art. 10 de la
« charte , il reçût d'indemnité préalable.

« Le commissaire de police remplissant les fonctions du ministère public
« se pourvut en cassation.

« Me Petit-Desgastines, avocat du sieur Chandesais , intervenant , a fait
« sentir combien le droit conféré aux maires de dresser des plans de cette
« nature était exorbitant , et qu'au moins il ne fallait pas en étendre l'appli-
« cation ; il a invoqué les droits sacrés de la propriété, garantie par la charte
« constitutionnelle.

« M. Laplagne Barris , avocat général , avoue que jamais la question ne
« s'était présentée dans une espèce qui parût aussi favorable au propriétaire ,

« mais il soutint que ce droit conféré aux maires est un droit qu'ils exer-
« cent *dans l'intérêt public*, et que, pour arriver à ce but, *il faut que ces ar-*
« *rêtés reçoivent leur application*, que les constructions soient faites sur la
« ligne de la voie publique ou dans l'intérieur de l'habitation.

« La Cour, au rapport de M. Gary, et conformément à ces conclusions, a
« rendu l'arrêt suivant :

« Considérant qu'une ordonnance royale du 2 août 1820, a approuvé un
« plan d'alignement et d'embellissement de la ville de Tours, dressé par le
« maire de cette ville en exécution des lois antérieures ;

« Considérant, en fait, que le terrain sur lequel le défendeur a construit
« un mur et réparé une échoppe était compris dans ce plan, et était destiné
« à entrer dans la voie publique ;

« Que, par conséquent, le maire de la ville de Tours, en faisant défense au
« défendeur de faire ces constructions et réparations, *a non-seulement exercé*
« *un droit, mais rempli un devoir* ;

« Que, néanmoins, le tribunal de police municipale a, contrairement à la-
« dite ordonnance royale, à l'arrêté du maire et à ses défenses, renvoyé le
« prévenu de la citation à lui donnée,

« En quoi ce tribunal a formellement violé les lois du 24 août 1790,
« l'art. 52 de la loi du 16 septembre 1807, ladite ordonnance du 2 août 1820,
« et commis un excès de pouvoir,

« Casse et annulle, etc. (*Gazette des Tribunaux*, du 3 août 1828, et *Journal
général du département du Loiret*, du 7 août 1828.)

(7) P. 5. *La commune a le droit de procéder contre lui par voie d'expropriation pour cause d'utilité publique.*

Ce n'est pas seulement lorsqu'un terrain est nécessaire pour les travaux que
l'administration veut exécuter qu'elle peut en exproprier le propriétaire.
L'art. 13 de la loi du 16 septembre 1807 porte : « Au cas où, par les aligne-
« mens arrêtés, un propriétaire pourrait recevoir la faculté de s'avancer sur
« la voie publique, il sera tenu de payer la valeur qui lui sera cédée...... Au
« cas où le propriétaire ne voudrait point acquérir, l'administration publique
« est autorisée à le *déposséder* de l'ensemble de la propriété en lui payant la
« valeur, telle qu'elle était avant l'entreprise des travaux. »

Dès que l'alignement desiré a été considéré comme objet d'utilité, on a dû
obliger les propriétaires dont les constructions étaient trop reculées, à les
avancer sur la voie publique ; mais comme, en certain cas, le terrain qu'ils

gagnaient pouvait donner plus de valeur à leur propriété, on a exigé qu'ils
payassent cette plus-value, et pour les contraindre à ce paiement, l'article que
nous venons de citer autorise à les déposséder dans le cas où ils refuseraient à
acquitter la somme fixée.

Ainsi le propriétaire qui fait reconstruire des bâtimens doit se conformer
à l'alignement donné, et si, pour cela, il est nécessaire d'avancer les constructions sur la voie publique, *il doit payer la valeur du terrein qui lui sera
cédé.* (DELALLEAU, *Traité de l'expropriation pour cause d'utilité publique*,
t. I, p. 91.)

(8) P. 5. *Qu'à la valeur de l'emplacement qu'occupait le bâtiment.*

La loi de 1807 (voir au chapitre III) autorise, art. 51, à prendre *telle
portion* de bâtiment qui est reconnue nécessaire à l'exécution *du projet d'alignement.* Ce droit de l'administration n'est point limité, en sorte que le retranchement peut être tel qu'il ne reste plus au propriétaire qu'un emplacement
infiniment réduit, et dont il lui serait impossible de tirer un parti quelconque,
ce qui équivaudrait à une *dépossession complète.* La loi admet d'ailleurs le
cas de *percemens nouveaux*, et par là même établit implicitement l'obligation
de supprimer *des propriétés entières.* D'une autre part, la condition du propriétaire est la même relativement à l'observation des réglemens de voirie,
quelle que soit l'étendue de l'emplacement qu'il doit à la voie publique, et
il n'a droit dans tous les cas qu'*au prix du terrein*, en raison de la super-
ficie qu'il abandonne lorsque sa maison subit l'alignement (art. 50 de la loi
du 16 septembre 1807). Ces considérations ont paru décisives, et le ministre
de l'intérieur a *arrêté* qu'en principe toutes les fois que l'utilité publique
l'exige, l'administration peut admettre et faire autoriser, sur les plans d'alignement, la *suppression entière* des bâtimens dont le terrein doit être réuni à
la voie publique, et procéder à l'égard de ces bâtimens comme pour ceux
dont le retranchement est ordonné par mesure de voirie; c'est-à-dire, veiller
à ce qu'ils ne soient pas consolidés, et prescrire la démolition quand ils sont
arrivés au terme de leur durée. (DAVENNE, p. 69.)

(9) P. 6. *Une indemnité de plus-value pour les avantages acquis à sa propriété par suite de sa nouvelle destination*, art. 30 et 31.

« Art. 30. Lorsque par suite des travaux déjà énoncés dans la présente loi,
lorsque par l'*ouverture des nouvelles rues, par la formation de places nouvelles,*
par la construction de quais ou pour tous autres travaux publics, généraux,
départementaux ou communaux, ordonnés ou approuvés par le gouverne-

ment, des propriétés auront acquis une notable augmentation de valeur, ces propriétés pourront être chargées de payer une indemnité qui pourra s'élever jusqu'à la moitié des avantages qu'elles auront acquis; le tout sera réglé par estimation dans les formes déjà établies par la présente loi , jugé et homologué par la commission qui aura été nommée à cet effet. »

« Art. 31. Les indemnités pour paiement de plus-value seront acquittées au choix des débiteurs, en argent ou en rentes constituées à 4 p. o/o net , ou en délaissement d'une partie de la propriété, si elle est divisible; ils pourront aussi délaisser en entier les fonds, terreins ou bâtimens dont la plus-value donnera lieu à l'indemnité, et ce sur l'estimation réglée d'après la valeur qu'avait l'objet avant l'exécution des travaux, desquels la plus-value aura résulté. »

« Les art. 21 et 23 relatifs aux droits d'enregistrement et aux hypothèques sont applicables aux cas spécifiés par le présent article. »

Une mesure semblable avait eu lieu lorsqu'on fit les travaux de terrassement et de construction des ponts, des quais et des édifices publics de l'Ile-Saint-Louis : il s'agissait alors de convertir les pâturages de deux petites îles de la Seine en l'un des plus beaux quartiers de Paris : il était juste que ceux dont les propriétés allaient recevoir une aussi notable augmentation de valeur supportassent, dans les dépenses que l'on devait faire, une part plus forte que les autres citoyens. Nous croyons même qu'aucun de ces propriétaires ne pensa à se plaindre d'une mesure *sans laquelle les travaux n'auraient pu s'exécuter, et qui, au résultat, leur procurait de très grands avantages.*

La même chose eut lieu encore en 1710, lorsqu'on voulut former un nouveau quartier de Paris près la Grange-Batelière, entre le faubourg Montmartre et la Ville-l'Evêque; il s'agissait de transformer des terreins marécageux en un des plus baux quartiers de la capitale. On lit dans la requête que le prévôt des marchands et les échevins présentèrent au roi à cet effet qu'ils desiraient obtenir l'autorisation d'acquérir les terreins nécessaires, en remboursant les propriétaires sur le pied de leurs contrats d'acquisition et baux en forme, *depuis dix ans, si mieux ils (les propriétaires) n'aimaient abandonner de ces héritages ce qui serait nécessaire pour former les rues et places, fouiller les canaux, les égoûts et autres travaux publics, et contribuer en outre aux dépenses à faire pour la perfection du nouveau quartier, eu égard aux héritages* qui leur resteront et à l'avantage qu'ils recevront , soit par l'établissement de ce nouveau quartier ou en devenant face sur la rue.

L'article 3o de loi du 16 septembre 1807 n'a été *abrogé* par aucune loi postérieure , puisque celle du 8 mars 1810 n'a aucune disposition qui se rattache à cette matière.

L'orateur du gouvernement s'exprimait ainsi à l'égard de cette disposition.

« Un principe est toujours fécond lorsque le génie s'en empare : le pro-
« priétaire de marais doit donner à l'entrepreneur des travaux qui augmente
« la valeur de ses terres une portion de cette valeur nouvelle : pourquoi
« lorsque d'autres travaux importans augmentent la valeur des propriétés
« d'un département, d'un arrondissement, d'une commune , d'un particulier ,
« la contrée intéressée ou l'individu ne paieraient-ils pas une portion des
« avantages qu'ils acquièrent? » (DELALLEAU ; *Traité de l'expropriation
pour cause d'utilité publique , t. II , p. 435.*)

(10) P. 6. *Avec condition par l'acquéreur de se conformer au plan ,* etc.

Il est une autre charge à laquelle la propriété est quelquefois sujette dans l'intérêt de l'embellissement des villes , c'est celle qui consiste à ne pouvoir bâtir sur une rue ou sur une place publique régulière, *que dans une forme et dans des dimensions exigées par des plans symétriques ;* elle résulte ordinairement des clauses du contrat d'acquisition , et suppose l'existence antérieure d'un plan arrêté; dans ce cas, **l'exécution de ce plan est obligatoire pour les propriétaires ;** mais si , au contraire , le projet est nouveau et frappe sur des propriétés particulières acquises sans cette charge , il ne peut être imposé aux propriétaires qu'avec leur consentement : *à défaut ,* la ville fait déclarer l'exécution du projet d'utilité publique , *et procéder ensuite à l'expropriation suivant les formes ,* sauf à revendre l'immeuble , avec la condition par l'acquéreur de se conformer au plan , ou à faire bâtir à ses frais les façades sur le dessin obligé. (*Jurisprudence ministérielle.*) (DAVENNE , p. 126.)

(11) P. 6. *Aux frais du premier pavé , au cas où la commune viendrait à l'exiger.*

De toutes les charges qui grèvent la propriété particulière , par rapport à l'usage de la voie publique , aucune n'est plus sujette à la contestation *que celle qui oblige les propriétaires riverains des rues à pourvoir aux frais du premier établissement du pavé.*

Les anciens réglemens ont laissé la question tout-à-fait indécise , et elle

ne paraît pas avoir été résolue par la nouvelle législation. (DAVENNE ,
p. 115.)

(12) P. 10. *Et que l'exécution approcherait davantage de son résultat*, etc.

L'expérience démontre qu'au début d'une opération , quelque utile et
quelque bien conçue qu'elle puisse être, tout le monde en général est en
garde même contre l'appât des bénéfices qu'elle peut offrir. Chacun veut
attendre et préfère, en définitive, trouver des bénéfices de moins et des certi-
tudes de plus. C'est ce que les fondateurs de *la société commanditaire de l'industrie* avaient reconnu devoir se réaliser, même à l'égard de leur *association*
formée sur un premier fonds de cent millions, dont cinquante d'abord émis
avaient été immédiatement souscrits.

« Ceux qui prennent intérêt à la construction d'un pont, à celle des
« maisons d'une nouvelle rue, au creusement d'un canal d'arrosement, etc.,
« se divisent *en gens entreprenans et en gens timides*. Ceux - ci préfèrent
« n'entrer dans l'opération que lorsqu'elle est terminée, et les principaux ré-
« sultats obtenus, ils consentent à payer une prime pour cette sûreté. Beau-
« coup d'actions prises par la compagnie se seraient ainsi classées sur le
« *théâtre même de l'opération*, et l'auraient mise à même de réaliser ailleurs
« d'autres améliorations. Les personnes qui ont observé quelle étroite con-
« nexion règne souvent entre des opérations voisines comprendront quels
« immenses résultats peut avoir cette marche judicieusement suivie. Ses
« moyens eussent été de seconder les uns par les autres les capitaux et les
« capacités que leur isolement frappe d'une sorte de stérilité. » (REVUE EN-
CYCLOPÉDIQUE , juillet 1828.)

L'article de la REVUE ajoute qu'il est question de la renaissance de
cette belle institution , dont les *fondateurs* avaient su apprécier tous les
avantages de l'*entreprise de la rue de Bourbon*, et termine par les considérations suivantes :

« Non - seulement la société commanditaire de l'industrie offrait d'im-
« menses ressources pour aider en France toutes les grandes entreprises jugées
« bonnes et utiles, et pour procurer, en moins de vingt-cinq années, des ré-
« sultats et des améliorations en tout genre, que par la marche lente et ordi-
« naire des choses nous pourrions à peine obtenir dans un intervalle de
« deux ou trois siècles; mais indépendamment de nos intérêts matériels,
« et en nous élevant à des considérations morales et politiques d'un ordre
« bien supérieur, nous reconnaîtrons que la composition même et le but de

« cette société qui comptait parmi ses fondateurs et ses membres des hommes
« distingués de tous les pays, de toutes les parties des connaissances hu-
« maines, de toutes les positions sociales, de toutes les opinions politiques,
« tendaient à les rapprocher et à les unir étroitement par le double attrait
« si puissant de l'intérêt personnel et de l'intérêt public. On réalisait ainsi
« une combinaison heureuse, une sorte de fusion de tous ces hommes long-
« temps séparés par d'anciens préjugés ou par l'esprit de parti et par les
« passions mal éteintes que nos longues dissensions civiles avaient fait
« naître. »

(13) P. 10. *Par le conseil municipal qui dans sa délibération du 6 avril*
1825.

Extrait du registre des délibérations du conseil municipal de la ville
d'Orléans.

(Séance du 6 avril 1825.)

Aujourd'hui 6 avril 1825, à six heures du soir, les membres du conseil
municipal d'Orléans se sont réunis dans le lieu ordinaire de leurs séances,
sur la convocation de M. le maire et l'autorisation de M. le préfet du Loiret;
M. le comte de Rocheplatte, maire et président du conseil, a ouvert la
séance, à laquelle se sont trouvés présens MM. Hubert-Crignon, Aignan,
Heme-Lemoine, de Grémion, Costé-Grignon, Germon-Miron, Pilté, Bou-
lard, Marcille-Pelletier, de Billy, de Marolles, Porcher, de Villevesque, de
Saint-Hillaire, Benoist, Fougeron, Moreau, de Tristan, d'Hardouineau
et de Champvallins.

Le maire donne lecture d'une lettre de M. le préfet, du 4 de ce mois, qui
l'autorise à donner communication au conseil, 1° d'une lettre de M. Cottenet,
notaire à Paris; 2° des *propositions* qui y sont jointes, faites par la compagnie
de la rue de Bourbon à Orléans, desquelles pièces la teneur suit (ici sont
transcrites lesdites pièces).

Le conseil, après avoir entendu la lecture de ces deux pièces, APPROUVE
en principe les *propositions* qu'elles contiennent et DÉCLARE qu'il est disposé à
entrer en arrangement d'après ces bases, aussitôt que l'ordonnance du roi
aura autorisé l'ouverture de la rue, et que la compagnie sera légalement
formée.

6

Considérant d'ailleurs l'avantage qui résultera pour la ville de la construction de la rue de Bourbon , l'embellissement qu'elle lui procurera et le peu de valeur des quatre cinquièmes des maisons à abattre, *invite* M. le maire à solliciter *l'ordonnance* nécessaire par l'exécution d'un projet desiré depuis si long-temps.

Fait à l'hôtel de la mairie d'Orléans, le 6 avril 1825.

Pour extrait conforme :

Le maire d'Orléans , président du conseil.

Signé le comte DE ROCHEPLATTE.

(14) P. 11. *Le résumé des travaux de la commission a été publié dans le courant du mois de mai dernier.*

Il en a été rendu compte dans *le Moniteur* du 3 juin suivant , dans *le Constitutionnel* du 9 dudit mois, dans le *Journal du Loiret* du 12 , dans le *Journal de l'Allier* du 13, dans le *Journal d'Indre-et-Loire* du 15 , etc.

(15) P. 13. *La publicité donnée au projet.*

En Angleterre, l'annonce de ces projets est d'abord insérée dans *la Gazette de Londres* et dans un des *journaux* de chaque comté où doivent s'exécuter les travaux , et placardée à la porte du Palais de Justice de ces mêmes comtés , au moment où il se rend le plus de monde, c'est-à-dire durant les grandes assises d'automne : il est ensuite donné une *connaissance individuelle des plans et projets à chacun des propriétaires et des tenanciers des terreins et édifices dont la propriété ou la jouissance peut être affectée par les travaux.*

Ces *moyens de publicité* sont employés dans un double but, d'abord d'appeler l'attention du public sur les projets, et de provoquer *les observations et les critiques* de tous ceux que l'intérêt et la curiosité porteront à les examiner; puis de mettre les *propriétaires* que l'expropriation peut atteindre à même de provoquer un changement dans la direction des travaux , en prouvant que celle qui a été adoptée n'est pas la plus avantageuse.

L'on assure, et on le conçoit facilement , que ces moyens pe publicité provoquent souvent des *observations* qui amènent , dans les projets, des modifications qui les rendent plus utiles ou en diminuent la dépense. La plupart des personnes appelées, de cette manière , à *examiner* et à *étudier* les plans et projets ont une parfaite connaissance des localités , ainsi que des ressources du pays, et sont stimulées par l'intérêt personnel ou par l'amour-propre: il est donc impossible qu'il ne s'en présente pas quelqu'une qui indique une amélioration à laquelle on n'avait pas pensé.

Si l'entreprise est *utile*, les habitans des pays où les travaux vont se faire, et qui, par les *discussions* auxquelles ils se sont livrés entre eux, ont acquis la *conviction* de cette utilité, mettent moins d'obstacles à l'exécution des travaux, sont plus disposés même à faire des sacrifices pour les faciliter ou à s'intéresser dans les concessions que le gouvernement peut en faire.

En France, *l'administration* se prive de tous les avantages que procure à l'Angleterre *cette grande publicité des projets de travaux.* Nous sommes intimement convaincus que l'administration trouverait de *grands avantages* à rendre ses projets publics et appeler sur eux *les critiques de tous les intéressés.* Comme elle n'aurait aux réclamations que tel égard que de raison, un pareil mode ne peut entraver les travaux et ne les retarderait jamais d'une manière préjudiciable. Ces dispositions pourraient être établies en vertu d'une ordonnance du roi, ou même en vertu d'une *circulaire ministérielle*, et nous ne doutons pas que l'on ne finisse par en faire *l'essai.* (DELALLEAU, t. I, p. 180.)

(16) P. 15. *Il est dressé acte devant notaire des conventions arrêtées.*

L'article 12 de la loi de 1810 porte : « Lorsque les propriétaires souscriront « à la cession qui leur est demandée, ainsi qu'aux conditions qui leur seront « proposées par l'administration, il sera passé, entre ces propriétaires et le « préfet, un acte de vente qui sera rédigé dans la forme des actes d'administra- « tion et dont la minute sera déposée aux archives de la préfecture. »

La commission du Corps-Législatif avait fait observer qu'il ne convenait pas que l'administration, qui est l'une des parties contractantes, fût seule dépositaire de la minute de l'acte dans lequel elle était obligée (M. LOCRÉ, t. IX, p. 721). Il n'a pas été fait droit à cette observation, mais l'usage s'est établi de faire rédiger ces sortes d'actes par les notaires. Les soins qu'il faut souvent apporter, non-seulement à la rédaction de ces traités, mais aussi à la vérification des droits et à la capacité des parties qui se présentent pour contracter, et les précautions à prendre relativement aux hypothèques, ont rendu *aux notaires une attribution qu'on n'eût jamais dû leur ôter.*

L'article 64 de l'ordonnance du 1er août 1821 charge même formellement les notaires de recevoir les traités faits entre particuliers pour les acquisitions de terreins destinés aux fortifications.

« Lorsque les parties, porte cet article, seront d'accord, l'acte de vente sera

6.

« immédiatement passé par-devant notaire, entre le préfet et les propriétai-
« res, en présence du chef du génie. » (DELALLEAU, t. II, p. 523.)

(17) P. 20. *Il est indispensable qu'il contienne les mentions nécessaires pour
que ceux-ci, par la seule lecture, reconnaissent tout ce qui les concerne.*

Ainsi, on doit mentionner, dans le jugement d'expropriation, les nom, prénoms, profession et domicile de chacun des propriétaires, ou, au moins, une
désignation spéciale qui permette de reconnaître l'individu exproprié. Car il serait quelquefois impossible de savoir exactement les noms, prénoms, profes-
sions et domiciles de tous les expropriés.

On doit indiquer aussi, dans le jugement, la contenance de chaque partie
de terrein que l'on prend à un propriétaire; mais faut-il y mentionner les te-
nans et aboutissans de chaque parcelle? cela peut être utile, mais n'est pas
nécessaire.

Quant *aux édifices,* il suffit qu'il en soit fait une désignation très som-
maire. On pourrait même se borner à dire que le terrein, *de telle grandeur,*
contient des bâtimens.

Le jugement pourrait renfermer beaucoup moins de détails si le plan res-
tait déposé au greffe du tribunal, ou dans tout autre lieu ouvert à tous les intéressés.

Est-il nécessaire que le jugement indique les noms des usufruitiers, usa-
gers, locataires, fermiers et autres qui peuvent avoir des droits sur l'immeuble? Non: l'art. 13 de la loi du 8 mars 1810 dit que le jugement d'expropriation autorisera le préfet à se mettre en possession *des terreins désignés.* Ce
sont donc les terreins que l'on doit désigner et l'on n'est pas obligé d'indiquer
tous ceux qui ont des droits sur ces terreins. Le jugement frappe l'immeuble
sans considérer à qui il appartient. On pourra les désigner, si on les connaît,
mais on n'y est pas obligé. C'est au propriétaire à les prévenir. On ne désigne
le propriétaire que pour mieux désigner l'immeuble.

Le jugement et toutes les pièces sur lesquelles il est rendu doivent être en-
registrés, mais cet enregistrement a lieu gratis. Art. 26 de la loi de 1810. *Nous
croyons que cette disposition s'appliquerait aux expropriations suivies à la requête des départemens, communes ou établissemens publics, quoique les acquisitions par eux faites à l'amiable soient soumises au droit proportionnel, ou au
moins au droit fixe de 10 francs.*

La loi n'ayant pas dit que les pièces seraient dispensées du timbre ou qu'elles
seraient timbrées *gratis,* le droit du timbre doit être payé.

Les pièces sur lesquelles le jugement a été rendu doivent-elles y être annexées?

Aucune loi ne l'exige, mais il serait utile de le faire: on pourrait alors se dispenser de mentionner, dans le jugement, la désignation détaillée des propriétés frappées d'expropriation, puisque les parties pourraient toujours consulter le plan au greffe. D'ailleurs, *ce jugement modifie les propriétés* de beaucoup d'individus qui, dans un temps plus ou moins éloigné, pourront avoir besoin de vérifier l'étendue des changemens que l'expropriation a apportés dans leurs héritages; quelque détaillé que soit le jugement d'expropriation, il ne suffirait jamais, *sans le plan,* pour lever toute difficulté à cet égard: il est vrai qu'il peut y avoir appel du jugement; mais rarement la Cour royale aura besoin de voir les pièces pour prononcer sur les points qui lui seront soumis, et, si ce cas se présentait, elle ordonnerait l'apport des pièces en son greffe.

Si le plan et les autres pièces visées dans le jugement d'expropriation n'y sont pas annexées, comme les parties intéressées ont souvent besoin de les consulter, l'administration devrait indiquer un local ouvert au public où les pièces resteraient déposées jusqu'à ce que toutes les contestations soient terminées. (DELALLEAU , t. I, p. 373 et suivantes.)

(18) P. 20. *Et pour surseoir à toute exécution.*

La solennité donnée à ce renvoi serait assez bizarre, si le jugement ne devait avoir d'autre effet que cette communication, mais l'art. 14 dit que, par le même jugement, le tribunal pourra prononcer un sursis de toute exécution.

On ne voit pas d'abord la nécessité de ce sursis.

L'administration ne peut toucher au terrein de ce propriétaire qu'après lui en avoir payé l'indemnité; et, puisqu'il réclame contre l'expropriation même, il ne consentira pas à traiter de cette indemnité. Il est donc impossible qu'on commence les travaux sur son terrein; et s'il ne devait avoir d'autre effet que d'empêcher les travaux sur *le terrein du réclamant,* ce sursis serait tout-à-fait superflu.

Cependant on ne doit pas présumer qu'il y ait dans la loi aucune disposition inutile; et, en effet, il est facile de donner à cette disposition de l'art. 14 un sens très naturel et très important.

Le réclamant ne peut empêcher les autres propriétaires expropriés de consentir à l'exécution du jugement, et ceux-ci ne pourraient même s'y opposer, puisqu'ils n'auraient pas réclamé dans le délai utile.

Il pourrait donc se faire *que les travaux fussent commencés et même exécutés sur tous les terreins environnans de celui du réclamant,* de manière que sa réclamation serait sans résultat, parce qu'il y aurait, sinon impossibilité, du moins un immense préjudice à changer l'emplacement *de travaux déjà en grande partie exécutés.*

Pour éviter cet inconvénient, le tribunal est autorisé, dit l'art. 14, à *surseoir à toute exécution*, c'est-à-dire à surseoir *à l'exécution du jugement envers tous les propriétaires, qu'ils aient réclamé ou non.*

Il nous paraît impossible de donner un autre sens raisonnable à cette partie de l'art. 14, et c'est sans doute parce qu'il entendait ainsi ce passage que M. Riboud a dit, dans son rapport au Corps-Législatif: « *Il y a faculté de surseoir* « *aux exécutions ; il est difficile de donner des preuves plus évidentes de ména* « *gement et de respect pour les propriétés.* »

Cette faculté accordée au tribunal de faire surseoir à toute exécution des travaux est une concession extrêmement remarquable, car quoique le sursis ne soit que provisoire, ses résultats peuvent être très importans.

Outre le retard qu'il peut entraîner dans les travaux, il obligerait l'administration à congédier tous les ouvriers qui y sont employés.

D'ailleurs, le jugement définitif devant être rendu dans la quinzaine, il faudrait que le tribunal reconnût une bien grande urgence à surseoir à l'exécution des travaux pour le faire par le jugement provisoire; il semble même qu'il ne devrait prendre un tel parti qu'autant qu'il y aurait presque certitude que le premier jugement sera réformé. (DELALLEAU, t. 1, p. 588.)

(19) *P. 21. Le procureur du roi ou le préfet doit de suite leur donner connaissance de cette réclamation.*

La loi ne dit pas que la réponse du préfet devra être communiquée au réclamant, et cependant celui-ci peut avoir des observations importantes à faire sur les explications données par l'administration. Mais, dans l'usage, *l'avoué du réclamant* a toujours connaissance de cette réponse assez à temps pour soumettre *ses observations au tribunal.* (DELALLEAU, t. 1, p. 389.)

(20) *P. 21. Les créanciers qui n'auraient pas pris inscription avant le jugement d'expropriation pourraient le faire dans la quinzaine de cette transcription.*

Ordinairement l'état ou l'établissement qui a requis l'expropriation passe d'abord un contrat de vente avec l'exproprié, contrat qui n'est en réalité qu'une fixation d'indemnité, puisque le jugement tient lieu du consentement à la vente.

On fait ensuite transcrire ce contrat;

On purge les hypothèques;

Et, enfin, on prend une quittance de celui que l'on déposséde,

Cette marche occasione des frais considérables par la multiplicité des actes et par les formalités à remplir pour chaque purge.

L'accomplissement de ces formalités entraîne en outre d'assez longs délais, qui retardent beaucoup l'époque où l'administration peut prendre possession du bien.

Tous ces inconvéniens disparaissent si l'on suit *la marche que nous proposons*, et qui consisterait à faire transcrire immédiatement le jugement qui prononce l'expropriation, et à accomplir de suite, en vertu de ce jugement, les formalités pour la purge des hypothèques légales.

De cette manière, les délais accordés pour prendre inscription seraient toujours écoulés lorsqu'on serait à même de payer l'indemnité, et n'ayant plus rien à craindre relativement aux hypothèques, le paiement pourrait avoir lieu aussitôt que l'indemnité serait convenue ou fixée, et la prise de possession suivrait immédiatement.

Il n'y aurait à faire transcrire qu'*un seul acte*, le jugement d'expropriation.

Il n'y aurait de même qu'*une seule purge d'hypothèques légales* pour toutes les propriétés comprises dans le même jugement d'expropriation.

Il ne serait nécessaire de remplir quelque autre formalité que dans le cas où le propriétaire aurait été mal désigné dans le jugement d'expropriation.

L'on oppose que le conservateur prendra autant d'inscriptions d'office qu'il y a de propriétaires expropriés, et que les frais de ces inscriptions et des actes de radiation qu'elles entraîneront seront considérables.

Nous pensons, au contraire, que le conservateur pourrait se dispenser de prendre aucune inscription d'office.

Elle n'est nécessaire que pour empêcher l'acquéreur de transmettre la propriété à un autre, en lui laissant ignorer qu'il n'a pas soldé le prix de son acquisition, et cette crainte ne peut exister dans les expropriations pour utilité publique.

Si le conservateur croyait devoir, pour sa responsabilité, prendre inscription d'office, il ne devrait en prendre qu'une seule, comme il n'en prend qu'une dans la transcription d'un contrat de vente ordinaire, quel que soit le nombre des vendeurs.

Cette inscription serait au profit de tous les propriétaires expropriés par le jugement, et il ne serait pas plus nécessaire de la faire radier que les inscriptions qui greveraient le bien entre les mains du propriétaire exproprié. (DE-LALLEAU, t. II, p. 229.)

(21) P. 21. *C'est le cas d'une nouvelle instance qui s'introduit par la voie ordinaire de l'ASSIGNATION.*

D'après l'art. 49 du Code de procédure, les demandes qui intéressent l'état, les communes, les établissemens publics sont dispensés du préliminaire de conciliation. Ainsi, quand c'est l'état, une commune, un établissesement public qui doit payer l'indemnité, il ne peut y avoir lieu à citer en conciliation.

En est-il de même lorsque les acquisitions de terrein doivent être faites par LA COMPAGNIE qui est chargée de l'exécution des travaux, ainsi que cela a eu lieu pour le canal de la Brillanne et celui d'Aiza à la Bassée ? (Loi du 16 septembre 1807, art. 28; loi du 14 août 1822, art. 1er. Cahier des charges, art. 1.)

Cette COMPAGNIE ne paraît pas pouvoir se dispenser de citer en conciliation...... Une COMPAGNIE concessionnaire peut toujours transiger. L'on ne serait pas fondé non plus, selon nous, à soutenir que la procédure en expropriation n'est pas une demande introductive d'instance, parce qu'il y a déjà eu un jugement qui a prononcé l'expropriation de l'immeuble. Ce jugement a été rendu sur requête; le propriétaire n'y a point figuré; l'ASSIGNATION qui lui serait donnée pour le réglement des indemnités serait seulement introductive d'instance relativement à lui. (DELALLEAU, t. I, p. 433.)

(22) P. 23. *Il faut nécessairement qu'il y ait une procédure distincte à l'égard de chaque propriétaire.*

Ne pourrait-on pas poursuivre l'*estimation par un jugement collectif*, comme celui qui prononce l'expropriation?

Cette marche est indiquée par quelques jurisconsultes, comme devant diminuer les frais, parce qu'elle n'exigerait qu'un seul jugement et une seule expertise; mais elle ne s'accorderait, selon nous, ni avec le texte, ni avec l'esprit de la loi du 8 mars 1810; elle serait d'ailleurs contraire aux principes généraux, qui ne permettent pas de réunir dans une même procédure des parties dont les intérêts sont tout-à-fait différens. D'ailleurs nous croyons qu'une pareille procédure offrirait les plus grands inconvéniens par sa complication et par la multiplicité des incidens qui pourraient retarder la décision.

Il est facile de faire prononcer par un seul jugement l'expropriation d'un grand nombre de propriétés différentes, parce que le jugement doit être rendu sans que les intéressés y soient appelés. Mais nous venons de voir qu'il faut appeler dans la procédure en réglement d'indemnité tous ceux qui y sont intéressés, tant à titre de propriétaires évincés qu'à titre d'usufruitier, d'usager, fermier ou locataire, etc.

Car quels ne seraient pas les embarras et les lenteurs d'une procédure dans laquelle tant de monde figurerait à-la-fois ?

Ainsi on obligerait l'état à une procédure qui, sans qu'on suppose aucun évènement extraordinaire, pourrait durer plus d'un an, et dont les frais pourraient être énormes ; et cette procédure bizarre serait probablement, malgré tous les soins des magistrats, terminée par un jugement fort peu équitable.

Nous nous croyons donc fondé à dire que ce n'est pas la marche que l'on doit suivre. (DELALLEAU., t. I, p. 442.)

(23) P. 27. *Dont la réédification, objet d'un vœu de Henri IV.*

Un arrêt du conseil du 28 décembre 1642 nous apprend que CLÉMENT VIII, en accordant à HENRI IV l'absolution de l'excommunication qu'il avait encourue comme hérétique, l'avait obligé de faire construire un monastère de religieux et un de religieuses dans chacune des provinces de la France et du Béarn, mais que le roi avait obtenu qu'il serait dispensé de fonder ces monastères en faisant *rétablir la cathédrale d'Orléans.*

Ce fut aussi tout en faveur de cette entreprise que le pape accorda les indulgences du jubilé à ceux qui, au lieu d'aller à Rome comme c'était l'usage, visiteraient dévotement l'église d'Orléans, et contribueraient à sa réédification. Ce jubilé attira dans la ville un si grand concours de monde pendant trois mois qu'on donna, dit un des historiens qui rapportent ce fait (le P. Guyon), la communion à plus de cinq cent mille personnes. On célébra dix mille messes, et on fut obligé de prêcher dans les places publiques, l'église ne pouvant contenir l'affluence des pélerins dont la pieuse générosité produisit des sommes considérables.

Le roi lui-même et la reine, venus à Orléans pour gagner les indulgences du jubilé, posèrent en grande pompe la première pierre du nouvel édifice, le 18 avril 1601. *Dieu soit loué*, s'écria le roi en terminant la cérémonie, *mais ce n'est pas assez de commencer cet édifice si nous n'avons soin de bien continuer et parachever*, et il ajouta beaucoup d'autres dons à ceux qu'il avait déjà faits.

La cathédrale d'Orléans est une des plus spacieuses et des plus remarquables de la France et une de celles, peut-être, dont l'extérieur charme davantage l'œil par sa légèreté, son extrême élégance, la quantité des ornemens de détails

7

et le caractère entièrement neuf des tours du grand portail. La reconstruction actuelle de l'église d'Orléans est un ouvrage du commencement du dix-septième siècle, et fait honneur au bon goût de ceux qui en ont dirigé les travaux; ils ont su s'affranchir du mauvais style et des innovations introduites dans l'art à cette époque, et en imitant scrupuleusement dans les nouvelles parties la structure des anciennes, ils ont conservé à ce monument une unité, parfaite et le caractère primitif de l'architecture des treizième et quatorzième siècles. Ce plan a de la grandeur, de la régularité et l'ensemble offre un aspect d'autant plus pittoresque et d'autant plus agréable que les arcs-boutans, les galeries, les contreforts, les clochetons et tous ces ornemens qui donnent tant de mouvement et font le principal charme de l'architecture gothique y sont plus multipliés et d'une forme plus svelte que dans beaucoup d'autres édifices semblables.

La façade occidentale ou grand portail a été commencée en 1723. Ce portail est d'un gothique de composition fort élégant, d'un style pur et fait beaucoup d'honneur au génie et au talent de M. Gabriel, premier architecte du roi, qui en a créé le premier plan, posé les fondemens et dirigé les travaux jusqu'en l'année 1766.

Le grand portail de l'église Sainte-Croix se compose de deux parties principales; le portail proprement dit et les TOURS qui le surmontent..... et qui sont le plus bel ornement de cette façade, et la partie où les artistes ont développé le plus d'art et de goût..... Une colonnade circulaire, entièrement à jour, couronnée par une riche dentelle en pierre et ornée de quatre figures d'ange colossales, termine d'une manière fort élégante et fort heureuse chacune des TOURS qui toutes évidées dans l'intérieur et percées à jour sur toutes les faces, ont une forme aérienne et un aspect qui captive involontairement l'œil le plus sévère.

Depuis 1766 jusqu'à présent divers architectes ont successivement travaillé à ce beau monument et ont fait quelques additions ou corrections utiles au plan de M. Gabriel.

Ces architectes sont MM. Trouard, depuis 1766 jusqu'en 1773; M. Legrand, depuis 1773 jusqu'en 1782; MM. Guillemot, Mique et Jardin, de 1782 à 1787; M. Paris de 1787 à 1790; enfin depuis quelques années, après une longue interruption, M. Pagot a repris ces travaux et réparé les nombreux et funestes accidens survenus dans cet intervalle, et qui pouvaient causer la ruine totale de l'édifice. Cet architecte, aussi rempli de talent que de modestie a employé dans la reconstruction des grandes voûtes de trois travées de la nef, des méthodes simples, ingénieuses et d'une économie inattendue, notamment dans son système d'échafaudage. Il serait à desirer que dans l'intérêt de l'art il pût réaliser son projet et publier tout ce qui a rapport à son importante restauration dans un ouvrage spécial.

(*Vues pittoresques de la cathédrale d'Orléans et détails remarquables de ce monument, dessinés par* Chapuy, *avec un texte historique et descriptif, par* de Jolimont, 1825.)

Lors de son passage à Orléans, le 1ᵉʳ octobre 1828, S. A. R. MADAME, duchesse de Berri, A PARCOURU CE SUPERBE MONUMENT ÉLEVÉ PAR LA PIÉTÉ DE NOS ROIS, ET A PARU SATISFAITE DES TRAVAUX QUI, APRÈS PLUS DE TROIS SIÈCLES VONT LE TERMINER. S. A. R. A REMIS UNE MÉDAILLE D'OR, PORTANT SON EFFIGIE, A M. PAGOT, COMME GAGE DE SA SATISFACTION.

Voir le *Moniteur* et le *Journal général du département du Loiret, politique et littéraire* *, du 5 octobre 1828.

---

* La ville d'Orléans à qui sa population, son industrie, sa position avantageuse donnent une si grande autorité dans la discussion des intérêts publics, possède enfin une feuille périodique, LE JOURNAL GÉNÉRAL DU DÉPARTEMENT DU LOIRET, qui doit répondre à ses besoins.

« Les journaux des départemens sont destinés à opérer ou à préparer de grandes réformes; ils porteront les premiers coups a toutes les centralisations, à commencer par la centralisation de l'esprit public, source d'une foule de préjugés et de notions fausses, il faut en convenir : ils préluderont à la discussion des intérêts locaux qui doivent ressortir aux assemblées municipales; ils appartiennent comme complément nécessaire à un système communal et départemental, fondé sur le principe de l'élection et sur celui du vote libre de l'impôt. C'est par un commerce continuel d'idées et d'enseignemens que nous parviendrons à nous connaître.... La presse nous a beaucoup aidés; elle peut encore nous rendre d'utiles services. Toute ville de quelque importance devrait avoir son journal; la matière n'y ferait pas faute, non plus que le talent; l'argent est peut-être tout ce qui manque, et il est vrai que les lois en exigent beaucoup; mais on en trouve pour tous les plaisirs, pour toutes les bonnes œuvres, pourquoi n'en trouverait-on pas pour une entreprise utile au pays ? etc. »

(*Journal du Commerce du* 14 *octobre* 1828.)

IMPRIMÉ CHEZ PAUL RENOUARD, RUE GARENCIERE, N° 5. F. S.-G.

www.ingramcontent.com/pod-product-compliance
Lightning Source LLC
Chambersburg PA
CBHW070913210326
41521CB00010B/2169